FONTANE UND POTSDAM

Fontane
und
Potsdam

Herausgeber

THEODOR FONTANE GESELLSCHAFT

BERLINER BIBLIOPHILEN ABEND

THEODOR - FONTANE - ARCHIV POTSDAM

Konzeption und Gestaltung

WERNER SCHUDER

begleitende Texte

GISELA HELLER

1993

BERLINER BIBLIOPHILEN ABEND

Die Deutsche Bibliothek – CIP-Einheitsaufnahme

Fontane und Potsdam

/Hrsg. Theodor-Fontane-Gesellschaft... Konzeption und Gestaltung
Werner Schuder. Begleitende Texte Gisela Heller. –
Berlin: Berliner Bibliophilen Abend, 1993
(Jahresgabe/Berliner Bibliophilen Abend; 1994)
ISBN 3-9801998-5-1
NE: Fontane, Theodor; Heller, Gisela; Theodor-Fontane-Gesellschaft;
Berliner Bibliophilen Abend: Jahresgabe

Vorwort

Der Plan zur Herausgabe einer ersten Jahresgabe für die Mitglieder der 1990 gegründeten Theodor Fontane Gesellschaft fiel zusammen mit den Vorbereitungen für die Jahrestagung 1993 in Potsdam. Der vorgesehene Tagungsort in einer Stadt, die heute auf ein tausendjähriges Bestehen zurückblicken kann, legte die Themenwahl für unser Buch nahe.

Es war ein glückliches Zusammentreffen, daß gleichzeitig der Berliner Bibliophilen Abend ähnliche Pläne verfolgte und so dank persönlicher Verknüpfungen beide Gesellschaften in bester Zusammenarbeit und mit weitgehender Unterstützung des Theodor-Fontane-Archivs Potsdam das vorliegende kleine Werk schaffen konnten. Denn auch die Berührung des Berliner Bibliophilen Abends mit Fontane hat Tradition. Diese Vereinigung war seit ihrer Gründung im Jahre 1905 und ist bis heute stets in besonderer Weise um den Dichter bemüht, sei es durch Vorträge, durch Publikationen und nicht zuletzt durch eine starke Initiative ihrer Mitglieder bei der Gründung (1927) und Entwicklung des Fontane-Abends in Berlin.

Für eine Darstellung der Beziehungen Fontanes zu Potsdam steht verhältnismäßig wenig Material zur Verfügung. Der Dichter hat in seinem eher ambivalenten Verhältnis zu dieser Stadt sich entgegen seiner Gewohnheit recht selten dazu geäußert, sei es möglicherweise aus einer Distanz wahrenden Haltung heraus, sei es aufgrund der voraussichtlichen Fülle des zu sammelnden und zu verarbeitenden Materials. Es ist jedoch nicht ohne Reiz, seine sparsamen Äußerungen über die preußische Metropole zu verknüpfen mit den Berichten über seine Beziehungen zu dort lebenden Freunden und Bekannten, seine verschiedenen Besuche in Potsdam und mit seinen ausführlicheren Schilderungen von Orten und Landschaften in der näheren Umgebung der Stadt sowie den wenigen Erwähnungen Potsdams in seinen Romanen. Auf diese Weise ist ein durchaus abgerundetes Bild möglich, das nicht nur Vorstellungen und Verhalten Fontanes in diesem Zusammenhang beleuchtet, sondern auch einige interessante Aspekte zur Historie der Region bietet.

Daß unser Buch nach nur kurzfristiger Planung rechtzeitig zur Jahrestagung fertiggestellt werden konnte, ist nicht zuletzt Frau Gisela Heller zu verdanken, die in ungewöhnlich kurzer Zeit die verbindenden Texte schrieb. Dank gebührt auch Herrn Dr. Manfred Horlitz und Herrn Hans Werner Klünner für die Unterstützung bei der Zusammenstellung der Fontane-Texte und des Bildmaterials. Vor allem hat das gute Einvernehmen zwischen den Herausgebern und das verständnisvolle Entgegenkommen der herstellenden Betriebe, inbesondere der Herren Christian Schuder und Claus Mader, zum rechtzeitigen Abschluß der Arbeiten beigetragen.

Unsere Jahresgabe will nicht vornehmlich eine wissenschaftlich kommentierte Edition von Fontane-Texten sein, sondern in erster Linie eine das Thema umspielende Darbietung von ausgewählten Gedanken, Berichten, Betrachtungen und Bildern, die dem Verehrer Fontanes und dem Freund des Buches bei der Lektüre gleichermaßen Freude und Besinnung im Geiste des Dichters vermitteln sollen.

Die Theodor Fontane Gesellschaft, der Berliner Bibliophilen Abend und das Theodor-Fontane-Archiv möchten hier ihre Genugtuung über die gegenseitigen guten Kontakte bekunden, die zu dem vorliegenden Ergebnis geführt haben. Sie hoffen, daß nicht nur die kleine Jahresgabe, sondern auch mögliche weitere gemeinsame Vorhaben auf ihre Weise die Liebe zu Fontanes Werk weiter vertiefen helfen mögen.

Potsdam, im September 1993

Prof. Dr. Helmuth Nürnberger
Theodor Fontane Gesellschaft

Werner Schuder
Berliner Bibliophilen Abend

Dr. Manfred Horlitz
Theodor-Fontane-Archiv Potsdam

Als Einführung

ein Stündchen vor den
Potsdamer Toren...

An einem sommerlich warmen Sonntagnachmittag saß am Ufer des Schwielowsees, da, wo unter der Baumgartenbrücke die Havel in den See eintritt, eine kleine angeregte Gesellschaft, zwei Damen und zwei Herren.

Man hatte gerade in zwei erlebnisreichen Tagen die Spuren Fontanes in der Grafschaft Ruppin und den Bredowschen Dörfern verfolgt und sich, mit dem Auto in weitem Bogen über die alte Churstadt Brandenburg hinweg, von Süden her Potsdam genähert, wo man am Abend, als krönenden Abschluß gewissermaßen, eine der weithin gerühmten Mozartaufführungen im Schloßtheater von Sanssouci genießen wollte.

Bis dahin war noch eine gute Weile, genügend Zeit für einen Kaffeeplausch im Gasthaus unterhalb der neuen Baumgartenbrücke. Man hatte im Freien Platz genommen, im Schatten uralter Kastanien, in deren Wipfeln die Bienen summten, und den Damen die Plätze mit Seeblick überlassen.

„Ein traumhaft schönes Bild", sagte die jüngere emphatisch und zurrte einen Skizzenblock aus der Tasche, von dem sie scherzhaft behauptete, sie sei damit auf die Welt gekommen und habe sich seitdem nicht mehr von ihm getrennt.

Als man sie zu Beginn ihrer gemeinsamen Fahrt ins Märkische dem älteren Herrn Professor, einem etwas weltfremden Privatgelehrten, vorgestellt hatte, war sie diesem sogleich als Rosa Hexel aus ‚Cécile' erschienen: auch Rosa mit Vornamen, auch Malerin aus Berlin, und, wie sich herausstellen sollte, ebenso unprätentiös und freiweg von der Leber.

Der Anblick, der sich ihnen bot, war bezaubernd: der weite flimmernde Wasserspiegel, am jenseitigen Ufer unendliche Nuancen von Grün und in der Ferne die Windmühle von Werder hinter neogotischen Kirchturmspitzen; im Vordergrund ein Schwanenpaar; alles verklärt von einer sanften Abendsonne. „Soviel Romantik darf sich nur die Natur erlauben," seufzte die Malerin mit komischer Verzweiflung, „unsereinem würde man das als Schönfärberei um die Ohren schlagen ..."

„Es scheint wie von einem genialen Landschaftsmaler komponiert", bemerkte die ältere Dame, die, nicht nur ihres klassischen Profils wegen, von der jungen Malerin neidlos bewundert wurde, und fuhr fort: „Romantisch wie Caspar David Friedrich, nur nicht so dramatisch, kein Kreidefelsen, kein Schreckenstein ... Wie sagt Fontane sinngemäß: ‚Der Reisende in der Mark muß sich mit einer feineren Art von Natur- und Landschaftssinn ausrüsten, um die sieben Schönheiten, die auch der kärglichste

Landstrich zwischen Oder und Elbe besitzt, herauszufinden.' Mir scheint, dieser Punkt hier hat sieben mal sieben Schönheiten auf einen Blick und der verborgenen Schönheiten sicher noch viel mehr. Ist es nicht so?"

Mit diesen Worten wandte sie sich an den schmächtigen Herrn mit der etwas schulmeisterlich wirkenden Brille, der sie in den beiden Tagen kenntnisreich und mit tiefgefühlter Fontane-Begeisterung durch das Land an Rhin und Havel geführt hatte. Als geborener Märker gehörte er, wie er lächelnd zugab, zu denen, die nicht müde werden, über die eigene Heimat, die kahlen Plateaus, die ,nichts wie Gegend' sind, die spöttischsten Bemerkungen zu machen und doch mit innerlicher Befriedigung auf-horchen, wenn jemand den Mut hatte, für ,Sumpf und Sand' in die Schranken zu treten. Und daß sie, die welterfahrene Philologin aus dem wildromantischen Irland, sein Land an der Havel pries, verdoppelte das ,kleine liking', das er schon immer für sie empfand; ein liking, das übrigens alle Anwesenden teilten: Die temperamentvolle Rosa hatte ihre unverhohlene Bewunderung auf die kürzeste Formel gebracht: „Geist von George Bernard Shaw und Profil von Anselm Feuerbach – da bleibt nichts zu wünschen übrig!"

Und selbst der vierte in der Runde, der in allen Dingen des Lebens äußerst kritische Herr Professor, überzog seine spröde Stimme mit Seide, sobald er mit ihr sprach. Er hatte sich bisher kaum an dem Gespräch beteiligt, sondern in der für ihn typischen Haltung, den Kopf zurückgelehnt, mit fast geschlossenen Augen seinen Gedanken nachgehangen.

Nun wurde jedoch der Kaffee und ein kleines Gebirge von Apfelkuchen serviert mit der freundlichen Bemerkung, es sei dies eine Spezialität des Hauses, nach Rezepten der Großmutter gebacken.

„Diese Großmutter konnte mehr als nur Kuchenbacken", nahm der Cicerone und Gastgeber das Gespräch wieder auf, „sie sammelte alles an kulturhistorischen Zeug-nissen, die mit der Baumgartenbrücke, ihrem Gasthaus und der Umgebung zusam-menhängen; und das ist nicht wenig, denn diese Brücke war das Nadelöhr, das alle Reisenden passieren mußten, die, von Süden kommend, gleich ob zu Wasser oder zu Lande, nach Potsdam hineinwollten. Hier saß der Brückenzolleinnehmer, streckte den Klingelbeutel zum Fenster hinaus und ließ durch, wer für Mensch und Tier den gehörigen Obulus entrichtete . . ."

„Ein einträgliches Geschäft", bemerkte der Professor.

„Ein einträgliches Geschäft für den Soldatenkönig beziehungsweise für die Staats-kasse! Natürlich versuchten die Geltower – denn Baumgartenbrück gehört zu Geltow – wenigstens etwas von dem Segen für sich abzuzwacken, indem sie den Aufenthalt der Passagiere trickreich verlängerten, damit sie Gelegenheit hätten, ihre Geldkatzen in der Brückenschenke ein wenig zu erleichtern. Der Potsdamer Amtmann Plümicke,

8

dem das Nadelöhr rein dienstlich unterstand, kaufte den benachbarten Grund und Boden auf, ließ die mehr als bescheidene Schenke abreißen und an ihrer Stelle 1748 dieses Etablissement aus roten Backsteinen errichten."

„Ein Cleverle von Königs Gnaden", warf die Malerin spöttisch ein, „dies Gasthaus war doch wohl eine Goldgrube!"

„Zweifellos. Johann Josef Herrmann mußte, als er es im Jahre 1831 erwarb, 5005 blanke Taler auf den Tisch des Hauses legen. Immens viel Geld zu der Zeit."

Rosa, beschäftigt mit dem Skizzieren des zweistöckigen Etablissements, das sich behaglich unter mächtigen Kastanien streckte, ließ überrascht den Block sinken: „Sagten Sie ,Herrmann'? Derselbe Namen steht ja heute noch dran!" – „Ja, eine in unserer Gegend wahrlich seltene Erscheinung, daß ein Gasthaus über fünf Generationen im Besitz derselben Familie erhalten bleiben konnte. Der Älteste im erforschten Familienstammbaum, der genannte Johann Josef, hatte in Potsdam bei den Langen Kerls gedient und im Alter dieses Haus erworben. Auch sein Sohn war, wie der Vater, hochgewachsen, hatte ein gutmütiges, von unzähligen roten Äderchen durchzogenes Gesicht, aus dem zwei helle, freundliche Augen leuchteten."

Die irische Professorin lachte hellauf: „Sie beschreiben ihn, als hätten Sie ihn persönlich gekannt!"

„Fontane hat ihn kennengelernt, als er 1869 am Schwielowsee recherchierte, und ihn in seinem Notizbuch genau charakterisiert."

„Fabelhaft", sagte die Malerin und bekam runde Kinderaugen, „dann hat hier, wo wir sitzen, auch Theo (Fontane) seinen Kaffee getrunken?"

„So ist es. Und als ich hundert Jahre später hier einkehrte, glaubte ich meinen Augen nicht zu trauen: Der damalige Wirt, Eduard Herrmann, war das getreue Ebenbild seines Großvaters. Er und seine Frau bewahrten dieses Haus durch alle Unbilden der Zeit; auch in den Jahren, in denen sie das Gasthaus schließen mußten, blieb es ein gastliches Haus. Nur drei Zimmer waren ihnen geblieben; in dem größten richtete Frau Lieselotte ihre Heimatstube ein. Und wie es mit Sammlungen geht – sie dehnen sich aus . . . Am Schluß saßen die beiden meist da oben, hinter diesem Fenster, schauten auf die Brücke, über die der Verkehr rollte und ließen die Welt an sich vorüberziehen. Selbst als sie alt und körperlich leidend wurden, klagten sie nie, sie lebten mit Gott und der Welt im Einklang . . ."

"Philemon und Baucis", sagte die Professorin bewegt.

„Nur nicht so einsam; es kamen oft Gäste, obwohl es nie ein staatlich anerkanntes und gefördertes Museum war, es war ein Geheimtip, nicht nur, aber besonders unter Fontane-Freunden. Frau Lieselotte zeigte bereitwillig ihre Schätze, wußte zu jedem Stück Anekdoten, Historie und Histörchen, und da sie nie Geld annahm, brachten die Gäste, die oft von weither kamen, Kaffee mit – damals eine Kostbarkeit –, und sie buk zum Dank ihren berühmten Apfelkuchen. Ihr ‚Vergelt's Gott!' klang manchem noch lange im Alltag nach."

„Parta tu eri", bemerkte der Professor, „Erwirb es, um es zu besitzen. Man kann wirklich, wie es Fontane in seinen ‚Wanderungen' versprach, in der Mark Brandenburg seine Entdeckungen machen, heute noch."

„Und", fügte die Professorin hinzu, „an gleicher Stelle schreibt er, wenn ich nicht irre, ‚Das Beste aber, dem Du begegnen wirst, das werden die Menschen sein . . .' Ich habe es immer als Liebeserklärung an seine Landsleute empfunden. Wie treffend auch für diese Beiden, von denen Sie uns so liebevoll berichtet haben. Sie sprachen von ihnen in der Vergangenheitsform, sie leben also nicht mehr?"

„Sie leben nicht mehr, aber bevor Frau Lieselotte starb, übergab sie ihrem Sohn Albrecht die Sammlung zu treuen Händen, und zu jedem Stück hatte sie alles Wissenswerte auf Tonband gesprochen."

„Mir scheint hier überall Fontane-Land zu sein, nicht nur in Neuruppin, Lindow oder Rheinsberg; überall sprechen die Menschen von ihm als einem Vertrauten. Welcher Dichter ist wohl – fast hundert Jahre nach seinem Tode – noch so lebendig?"

Die junge Wirtin kam, flüsterte mit dem Cicerone, der mit nervöser Lebhaftigkeit aufsprang und verkündete: wenn der Wunsch bestünde, so könne man nun die Bilder, Alben und Gästebücher ansehen, die Fontane bei seinen Recherchen – er drückte es vorsichtig aus – wahrscheinlich in den Händen hatte."

Welche Frage! Wenige Minuten später war man in Albrecht Herrmanns Guter Stube versammelt, wo neben einer zünftigen Erdbeerbowle die erstaunlichsten Überraschungen auf sie warteten. Sicher kannten alle das Geltow- und Baumgartenbrück-Kapitel aus den ‚Wanderungen', aber das Tusculum des Freiherrn von Meusebach, des ehem. Präsidenten des Berliner Kassationshofes und großen Bibliophilen, mit eigenen Augen zu sehen, war doch etwas anderes; Beweisstücke, wer alles an dessen Musenhof verkehrte: Hufeland und Hegel, die Brüder Grimm und die Brüder Humboldt und viele andere bedeutende Gelehrte und Dichter der Zeit . . . Rund 36.000 Bände, vor allem deutsche Literatur aus der Frühzeit des Buchdrucks bis zum 18. Jahrhundert, darunter zahlreiche wertvolle Spezialsammlungen, hatte von Meusebach zusammengetragen. Als er starb, trug sein Sohn, ‚in eminentem Sinne ein Lebemann', nach eigenen Angaben ‚seines Vaters Bibliothek in den Keller'. Was Fontane nicht wußte, hier aber offenbar wird: Bettina von Arnim rettete die stattlichen Reste, indem sie dem König zwei Jahre lang in den Ohren lag, bis dieser den unermeßlichen Schatz aufkaufte, um damit die Königliche Bibliothek in Berlin wertvoll zu bereichern.

Danach gehörte das Tusculum einem akademischen Tausendsassa, der eine Art Paukorden für zukünftige Regierungsassessoren einrichtete. Nach einem goldenen

10

Buch, in dem alle wiederkehrenden Prüfungsfragen verzeichnet waren, wurde zielgerichtet gebüffelt, danach im Gasthaus ‚Baumgartenbrück' gegessen und getrunken. 263 Studiosi rüsteten sich von 1860 bis 70 für das Examen, 263 Namen enthalten auch die Hausbücher, nicht selten verziert mit Bildern und geheimen Stoßseufzern. Mit wachsendem Vergnügen entzifferten die Vier Konterfeis und Namen: von Arnim, von Buddenbrook, von Jagow, von Itzenplitz, von Prittwitz, von der Schulenburg, von Alvensleben, Achatz von Bismarck . . .

Ohne Zweifel hatte Fontane diese Gästebücher durchgesehen. „Aber ich kann mich nicht erinnern, in den ‚Wanderungen' etwas davon gelesen zu haben", wandte der Professor ein.

„Das ist einfach erklärt. Das Unternehmen war quasi illegal. Kurz bevor das Geltow-Kapitel als Vorabdruck im Wochenblatt der Johanniter-Ballei Brandenburg erschien – Februar 1872 – flog das dubiose Institut auf. Namensnennungen hätten die Herren entschieden in Verlegenheit gebracht." Allgemeine Heiterkeit.

Natürlich blieb es nicht bei den Zeugnissen der Fontane-Zeit. Die Malerin entdeckte mit Entzücken Originale von Hagemeister und von Brockhusen, den Liebermann einst ‚den märkischen van Gogh' nannte und von dem sie angenommen hatte, daß er ganz und gar dem Goebbelsschen Kreuzzug gegen Entartete Kunst zum Opfer gefallen war. (Beide Künstler hatten über Monate den Mittagstisch bei Herrmanns genossen und mangels Geld mit Bildern bezahlt.)

Die Zeit verging wie im Fluge, schon wurde leise zum Aufbruch gemahnt, doch ein Album aus den Kindertagen der Fotografie faszinierte alle Vier: Bilder von Fahrendem Volk, das hier in Baumgartenbrück rastete: Frauen mit schweren Tragekiepen, Frachtwagen aus Böhmen, Italiener mit Rattifalli-Mausifalli, Feuerfresser, Degenschlucker, Tippelbrüder, Scherenschleifer . . . Das erinnert an den Auftritt böhmischer Musikanten, die so erbärmlich bliesen, und die Fontane doch so herzerquicklich fand.

„Er muß sich sehr wohl gefühlt haben, hier auf der ‚Brühlschen Terrasse des Schwielowsees' ", schloß die Professorin ihre Dankesworte, „genauso wohl wie wir heute bei Ihnen. Nicht umsonst widmete er Geltow und Baumgartenbrück so umfangreiche Kapitel, während er Potsdam in den ‚Wanderungen' kaum eines Wortes würdigte."

Nichts Freundlicheres hätte sie dem Hausherrn sagen können, denn in den Geschichtsbüchern verhielten sich die Proportionen umgekehrt, da bekam Potsdam stets das Hauptkapitel und Geltow höchstens eine Fußnote. Dabei waren doch beide gleich alt, beide auf einer Urkunde aus dem Jahre 993 in einem Satz genannt: potztupimi und geliti; und beide über Jahrhunderte gleich unbedeutend, bis der große Kurfürst „Potstamb" zur zweiten Residenz erhob. Geltow blieb draußen, was die Geltower mit dem klugen Wort quittierten: ‚Wer weiß, wozu es gut ist, am Rande lebt sich's gemütlicher, mittenmang krüselt dat to siehr'. Und so feierten sie auch den tausendjährigen Geburtstag auf ihre Weise, ohne Prunk und Protz.

„Ich denke mir", schloß Albrecht Herrmann – und bat in demselben Atemzuge, diesen Satz nicht auf die Goldwaage legen zu wollen –, „ich denke mir, Fontane war auch mehr für das Kleine und nicht für das Pompöse, darum hat er über uns und nichts über Potsdam geschrieben."

Alle amüsierten sich über diese verblüffende Erklärung, und selbst der Herr Professor konzedierte: „Wenn's auch nicht wahr ist, so ist's doch gut erfunden." – „Gefunden!" verbesserte die Professorin lächelnd.

Man bestätigte dem Hausherrn, daß heute wie damals das Fontanesche Resümee gelte: „Ungemütlichkeiten haben keine Stätte unter den Bäumen von Baumgartenbrück", und schied in dem Gefühl, die hier verplauderten Stunden zu den bestangelegten zählen zu dürfen . . .

Auf der Heimfahrt, die Damen saßen auf den Rücksitzen, griff die Malerin, für die Fontane bisher nur Gegenstand herzlicher Verehrung, nicht aber wissenschaftlicher Forschung war, noch einmal die Frage auf, warum der Wanderer durch die Mark nun wirklich um Potsdam einen Bogen geschlagen habe . . .

Nun war der Professor in seinem Metier: Das sei eine sehr gescheite Frage, und er würde gern wissen, welche Erklärung die Tochter der Musen für sich persönlich herausgefunden hätte.

„Nun", antwortete Rosa, den etwas examinierenden Ton souverän überhörend, „ich denke mir ganz einfach, Potsdam war ihm zwei Hutnummern zu groß . . . Ruppin, Oderland und Spreeland hatten je einen Band, Potsdam hätte den Band Havelland doch glattweg gesprengt . . . außerdem wollte er doch wohl in den ‚Wanderungen' seinen Landsleuten zeigen, daß es auch in der Provinz ‚historische Städte, alte Schlösser und auf Schritt und Tritt tüchtige Kerle gäbe', über die in Berlin und Potsdam war ja schon zu seiner Zeit genügend geschrieben worden."

„Bravo", sagte der Professor, versuchte, sich aus den Zwängen des Rollgurtes zu befreien, um rückwärts gewandt das Gespräch weiterzutreiben . . .

„Weiter? Nun, weiter hätte er, um der Residenzstadt gerecht zu werden, wohl auf seinen geliebten Plauderton verzichten müssen. ‚Vorfahren vor den Krug und über die Kirchhofsmauer klettern, ein Storchennest bewundern oder einen Hagebuttenstrauch, einen Grabstein lesen oder sich einen Spinnstubengrusel erzählen lassen', – damit wäre er in Potsdam nicht weit gekommen . . ."

Die Professorin, die an der burschikosen Art der Malerin ihre Freude hatte, gab ihr durchaus recht: „Aber sagen Sie nicht noch einmal, Sie wüßten zu wenig über unsern Theodor . . ."

Rosa wehrte bescheiden ab: sie kenne nur ein paar Balladen, Effi Briest, Irrungen

Wirrungen, Frau Jenny Treibel, und die Wanderungen natürlich, die sie zum großen Teile mit ihrem Skizzenblock nachvollzogen . . . dadurch sei sie ihm nahe gekommen . . . Aber sie kenne beispielsweise keinen Roman, der in Potsdam spiele . . . Den gäbe es auch nicht, hieß es, Potsdam spuke gewissermaßen immer nur hinter der Szene.

„Ausnahmen bestätigen die Regel", präzisierte der Professor. „In dem Roman ‚Vor dem Sturm' läßt Fontane Lewin und Renate von Vitzewitz mit Freunden eine Schlittenpartie von Berlin nach Lehnin unternehmen. Und in ‚Schach von Wuthenow' ist Potsdam für Frau von Carayon, die in delikater Mission zum König will, auch nur Durchgangsstation."

„Aber Fontane wird doch wohl Potsdam gekannt haben", meinte die Malerin, „jeder Berliner fährt doch mindestens einmal im Jahr nach Sanssouci, wenn nicht öfter, da wird Theo wohl keine Ausnahme gemacht haben."

„Oh, er war oft in Potsdam", ließ sich nun auch der Cicerone vernehmen, der solange geschwiegen hatte, weil er sich auf den lebhaften Straßenverkehr konzentrieren mußte, „Fontane hatte gute Freunde hier, Storm und Zöllners; und noch mehr Bekannte: Louis Schneider, Hesekiels, Pastor Windel, Hofprediger Strauß . . . vielleicht schrieb er nicht über Potsdam, *weil* er es kannte . . .?"

„Sie zielen auf seine ambivalente Haltung zu gewissen Persönlichkeiten des Herrscherhauses?" hakte der Professor nach.

„Das auch. Aber sehen Sie, wenn er zum Beispiel in Kunersdorf über die Lestwitze oder in Neuhardenberg über die Prittwitze schrieb, dann griff er einen aus der Ahnenreihe heraus, der in einer bestimmten Situation, in der es um Leben oder Tod Preußens oder des Königs ging, aus der Namenlosigkeit ins Licht der Geschichte trat. Und nun fragen Sie, wen hätte er in Potsdam herausgreifen, schlimmer, wen hätte er weglassen sollen?"

„Wie auch immer, die Übergangenen hätten auf dem Sofa gesessen und übelgenommen", lachte Rosa.

"Über die Herausragenden gab es bereits dickleibige Wälzer; Franz Kuglers Biographie Friedrichs des Großen stand zu der Zeit als wohlfeile Volksausgabe in allen Bücherschränken; der Maler-Dichter August Kopisch hatte in königlichem Auftrag die Schlösser und Gärten von Sanssouci beschrieben; die Flut illustrierter Fremdenführer war bereits im Steigen begriffen, und 1000 mal Beschriebenes zum 1001. Mal dem Publikum vorzuführen, widerstrebte Fontane letztlich. Übrigens, er hat versucht, über Potsdam zu schreiben, ist aber über einen knappen Entwurf nicht hinausgekommen. Wohldurchdachte, aber flüchtig skizzierte Seiten, von denen niemand was wußte und die vor gar nicht langer Zeit bei einer Autographen-Auktion in Marburg aufgetaucht sind."

"Na, hören Sie", unterbrach ihn die überraschte Rosa und spielte die Gekränkte,

„das sagen Sie so beiläufig und lassen mich die ganze Zeit im Dunkel der Vermutungen tappen... Geht denn wenigstens aus diesem Entwurf hervor, warum er die Finger davon ließ?"

„Leider nein, es sind ja nur Notizen, Gedankenstützen . . . Allerdings einiges herauslesen kann man schon . . ."

Bei diesen Worten hielt der Wagen auf dem weiten Platz zwischen Neuem Palais und den Communs; Eile war geboten, in wenigen Minuten würde der Vorhang zu Mozarts ‚Zauberflöte' aufgehen . . .

So blieb Rosas Frage, wen oder was Fontane in Potsdam besucht und warum er nicht darüber geschrieben habe, ungeklärt im Raume. Nach der Oper einigte man sich darauf, Potsdam und Fontane sei ein zu weites Feld für diesen erlebnisreichen und nun ausklingenden Tag, man könnte, ja, man sollte ein kleines Büchlein dazu herausgeben . . .

Hier ist es.

Potsdam um 1860
Stahlstich nach J. Gottheil von Poppel u. Kurz

Fontanes Überlegungen und Notizen

zu einem Potsdam-Kapitel

Als im Herbst 1989 auf einer Autographen-Auktion in Marburg der Entwurf eines Potsdam-Kapitels aus Fontanes Feder angeboten wurde, erregte dies nicht nur im Fontane-Archiv Potsdam Aufmerksamkeit.

Aufgrund der erläuternden Hinweise im Stargardt-Katalog, in dem die Handschrift (2 Folio-Seiten) unter Nr. 645 eingetragen war, konnten nähere Ausführungen zu Fontanes sporadischen Materialsammlungen über Potsdam erwartet werden, also wertvolle Ergänzungen zu den bisher bekannten wenigen Schriftzeugnissen, die über dispositorische und bibliographische Notizen aus den Jahren 1869/70 nicht hinausgehen: Notizen mit Bleistift, Blaustift oder Tinte, auf Zetteln, Rückseiten alter Manuskripte oder Zeitungsbanderolen, Auszüge aus einem Vortrag von Louis Schneider über die Garnisonkirche, Hinweise auf Themen in den Mitteilungen des Vereins für die Geschichte Potsdams.

Alles weist darauf hin, daß Fontane die Residenzstadt in den 3. Band der „Wanderungen" aufnehmen wollte; nichts gibt bisher darüber Auskunft, warum er davon Abstand nahm.

Oder doch?

In diesen zwei Folio-Seiten könnte eine Antwort wenigstens andeutungsweise enthalten sein, der Text, der im Stargardt-Katalog auszugsweise (als Anreiz!) abgedruckt war, ließ darauf schließen. Doch bedauerlicherweise verschwand der volle Wortlaut nach der Auktion im Tresor eines Privatsammlers, und so werden wir uns vorerst auch weiterhin mit Vermutungen zufriedengeben müssen.

Aus dem Entwurf zu einem Potsdam-Kapitel, soweit er im Stargardt-Katalog zitiert wurde:

Potsdam

Potsdam, mehr als irgendein andrer Punkt, ist die Geburtsstätte des preußischen Staats und unterscheidet sich schon dadurch erheblich von Berlin.

Berlin ist eine große Stadt, auch voll eigenthümlicher Züge, der preußische Geist ist darin zu Haus, aber nicht die preußischen Institutionen, die erst jenen preußischen Geist (der anfangs etwas bloß Persönliches war) erzeugten.

[...] von welcher Seite her man auch vorgehn mag, landschaftlich, architektonisch, historisch – es bietet dem Auge nichts Neues mehr. Nichts Neues mehr und doch immer der alte Zauber, und in derselben Weise, wie der junge Künstler, wenn er hinaustritt in die Campagna und am östlichen Horizont die fernen Linien des Albaner-Gebirges sich hinziehen sieht, alle Vorsätze vergißt und das 1000mal in Strichen Festgehaltene doch zum 1001. Mal in sein Skizzenbuch zeichnet zu seiner und andrer Freude, so versuch auch ich das 100mal Beschriebene aufs neue zu beschreiben, in der stillen Hoffnung: *so war es noch nie . . .*

[*Schluß*:] Alle Hohenzollern haben an Potsdam gebaut, und jeder hat ein etwas zurückgelassen, das besonders charakteristisch für ihn oder für seine Zeit ist, unter diesen Charakterstücken möchten wir eine Auswahl treffen.

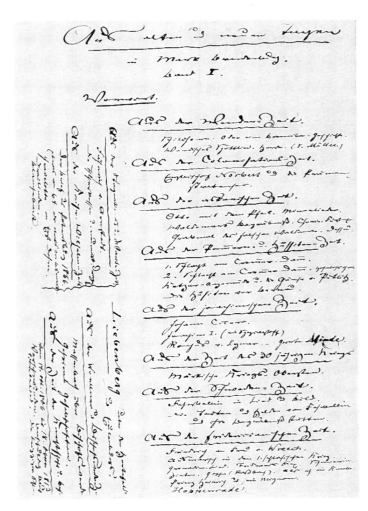

aus der Disposition „Havelland"
Fontane Notizbuch, SBB-PK/FAP, NB, A 15, S. 1 v

Fontane konzipiert 1882/83 einen bereits in den 50er Jahren gefaßten Plan neu und trägt sich mit dem Gedanken, ein vierbändiges Lesebuch für Schule und Haus zu schaffen mit dem Titel "Aus alten und neuen Tagen in Mark Brandenburg" bzw. „Geschichten aus Mark Brandenburg".

Das nachstehende Faksimile zeigt eine Seite der im FAP aufbewahrten Entwürfe dieser Handschrift:

In der oben abgebildeten Diposition – höchstwahrscheinlich 1869 entstanden – ist Band 3 der „Wanderungen" noch mit 28 Kapiteln konzipiert; nach ausgewählten Schauplätzen untergliedert ist Kapitel Nummer 18: Potsdam...

Allerdings wurde beim Sammeln und Sichten des Materials für ein Potsdam-Kapitel vermutlich schnell deutlich, daß dessen Umfang den aller anderen überwuchern würde.

17

Fontane-Notizbuch
SBB-PK/FAP, NB, A 11, S. 58

Als ein weiteres Beispiel für das Sammeln des Materials sei ein die Garnisonkirche betreffender Auszug aus Fontanes Notizbuch von 1869/70 wiedergegeben. Das Faksimile oben zeigt die erste Seite dieses Textes.

Potsdam.
Garnisonkirche
(Gestützt auf Schneiders Vortrag in Potsdam)

Es war eine alte da, eine Fachwerk-Kirche, wahrscheinlich 1722 begonnen bis 1727. Auch diese hatte schon das Glockenspiel oder *ein* Glockenspiel, wie aus Belamites (??) Gedicht hervorgeht.

1734 (?) wurde die neue Kirche begonnen; sie ist, in Erwägung des sparsamen Monarchen, sehr prächtig.

Hauptsehenswürdigkeiten:

1. die Kanzel. (Die erste Zeichnung war anders; danach war ein Gerippe oder Totenkopf an oder unterhalb der Kanzel angebracht.)

2. die Gruft

a. Friedr. W. I.

b. Friedrich II.

c. das „Grab der Heiligen Allianz"; die drei Uniformen von Alexander I., Franz II. und Fr. W. III. in drei Kästen hinter der Orgel. (Etwas skurril.)

d. die roten Lamberquins. (Bei welcher Gelegenheit?)

e. die Fahnen, Standarten, Trophäen – man weiß nicht recht genau, bei welcher Gelegenheit erobert.

Friedrich II. hatte dreimal festgestellt, er wolle „en philosophe" ruhen, bei seinen Hunden, seinem Pferde, *unter der Flora-Statue* auf der Terrasse von Sanssouci. So steht's in seinem Testament, ferner in einem Briefe oder Erlaß an Graf Finckenstein und noch an einem dritten Ort (an welchem?); Fr. W. II. ging aber dennoch davon ab, und zwar *glücklicherweise.*

Eine Hauptsehenswürdigkeit ist der alte Küster Gey. Ostern 1862 lebte er noch, und bei der Beisetzung Friedrichs II. (1786) war er schon als Junge zugegen, hatte den großen König, glaub ich, auch in Sanssouci im Sarge stehen sehn. Er war dabei, als Kaiser Alexander, Fr. W. III und Königin Luise hier in der Gruft waren. Es scheint aber, daß man nicht hinging, um derlei in Szene zu setzen, sondern daß es sich ungesucht machte. Es ist russ. Sitte, daß man (oder vielleicht nur der Kaiser) unmittelbar vor der Abreise von einem Ort die Kirche besucht. Alexander reiste

Die Garnisonkirche zu Potsdam

18

ab (vielleicht aufs Schlachtfeld v. Austerlitz ??) und proponierte einen Kirchenbesuch; F. W. III. u. Luise schlossen sich an. Einmal in der Kirche, und zwar spätabends, machte sich der Besuch der Gruft und das „Treue-Geloben" überm Sarge Friedrichs II. wie von selbst.

Der Besuch Napoleons in der Gruft (bei dem Gey *ebenfalls* zugegen war) fand am oder bald nach dem 24. Oktober 1806 statt. Die Worte: „Lebte *der* noch, so wären wir nicht hier", soll er angesichts des *Degens* Friedrich II., ich glaube, damals auf Sanssouci, gesprochen haben. Hier in der Gruft sagte er nur: „Sic transit gloria mundi." Draußen fragte er Gey, was die Statuen *neben* der Gruft (damals waren ein Mars und eine Minerva links und rechts, wo jetzt die Trophäen sind) bedeuteten. Gey sprach etwas von heidnischen Gottheiten, allegorischen Figuren, Symbolen der Kriegskunst etc., als ob Napoleon nie von Mars und Minerva gehört hätte, worauf der Kaiser ihn anstarrte und dann mit einem lauten, langgezogenen „Bah" antwortete.

Die Königsgruft
in der Garnisonkirche
Zeichnung von Adolph Menzel

Fahnenweihe in der Garnisonkirche
Zeichnung von C. Mende um 1866

19

Das Wesen der Potsdamme

Es wäre Fontane wohl unmöglich gewesen, sich auf die Beschreibung architektonischer Charakterstücke zu beschränken, ohne von dem Charakter der königlichen Auftraggeber zu sprechen; und da hätte er über einige Herrscherpersönlichkeiten entweder contre cœur oder sich um Kopf und Kragen schreiben müssen. Beides widerstrebte ihm, und so entschied er sich – wie meistens in Zweifelsfällen – fürs Weglassen.

Abgesehen davon, daß er seine Wanderungen durch das Havelland bei Ausbruch des Krieges gegen Frankreich unterbrechen mußte und durch die Arbeit an den Kriegsbüchern auf Jahre hinaus gebunden war, mußte ihm wohl auch klar geworden sein, daß ein Potsdam-Kapitel in Gewichtigkeit und Umfang alle Proportionen der Wanderungs-Bände gesprengt hätte. Auch den Stil, den Plauderton, hätte er nicht beibehalten können. So wollte er denn nicht mehr und nicht weniger, also „ohne jegliche Prätention von Forschung und Gelehrsamkeit", den Lesern zeigen, daß nicht nur eine Residenzstadt, sondern „jede Quadratmeile märkischen Sandes . . . ihre Geschichte" hat. Er suchte und fand die Poesie in der von vielen verächtlich belächelten „Streusandbüchse", die er „liebevoll schilderte, aber nirgends glorifizierte."

Potsdam paßte da letzten Endes nicht hinein. Potsdam war etwas anderes, Prototyp für gewisse gesellschaftliche Erscheinungsformen, die ihm aus tiefstem Herzen zuwider waren. Er hat das an einer versteckten Stelle auch formuliert, da, wo man es nicht vermutet: im letzten Kapitel des Buches „Aus den Tagen der Occupation. Eine Osterreise durch Nordfrankreich und Elsaß-Lothringen. 1871":

Das Wesen der Potsdamme – wobei ich Potsdam als alten überkommenen Begriff, nicht als etwas tatsächlich noch Vorhandenes fasse – das Wesen dieser Potsdamme, sag ich, besteht in einer unheilvollen Verquickung oder auch Nicht-Verquickung von Absolutismus, Militarismus und Spießbürgertum. Ein Zug von Unfreiheit, von Gemachtem und Geschraubtem, namentlich auch von künstlich *Hinaufgeschraubtem*, geht durch das Ganze und bedrückt jede Seele, die mehr das Bedürfnis hat, frei aufzuatmen, als Front zu machen. Ja, dies ist das Eigentlichste! Ein gewisses Drängen herrscht in diesen der Louis XIV.-Zeit entsprungenen Städten vor, in die erste Reihe zu kommen, gesehen, vielleicht gegrüßt zu werden, Vornehm und Gering nehmen gleichmäßig daran teil und bringen sich dadurch, während der Hochmut wächst, um mit das Beste, was der Mensch hat: das Gefühl seiner selbst. Es kann keinen wärmeren Lobsprecher des richtig aufgefaßten ‚Ich dien' geben als mich; es ist ein Charaktervorzug, gehorchen zu können, und ein *Herzensvorzug*, loyal zu sein, aber man muß zu dienen und zu gehorchen wissen in Freiheit.

Der Berlinische Ton

Ende der 80ger Jahre unternahm Fontane den lang schon angedachten Versuch, in einem Essay die Frage zu beantworten, wie das Berlinertum entstand und wer maßgeblich daran beteiligt gewesen. Bei zunehmendem Tiefer-Loten kam er zu Schlüssen, die ihn selbst in Erstaunen versetzten: Der typisch berlinische Ton wurde nicht bestimmt durch die Refugiés, auch nicht durch die geistreich-zynische Tafelrunde von Sanssouci, wohl aber von den Soldaten der Potsdam-Berlinischen Elitetruppen, die, wenn auch lose, „mit dem Hof- und höheren Gesellschaftsleben" in Berührung standen.

Der Essay „Die Märker und die Berliner und wie sich das Berlinertum entwickelte" erschien am 21. November 1889 im Deutschen Wochenblatt. Die Berliner erfuhren darin – und fanden es sicher unerhört! – daß der einzigartige berlinische Volkston in Potsdam seinen Ursprung hat.

[…] das preußische Werbesystem, das sich über halb Europa hin ausdehnte, stellte nicht bloß verlorene, sondern oft auch, soweit Moral mitsprach, durchaus unanfechtbare und nur leider vom Unglück verfolgte Genies unter die Fahne. Nun standen sie in Reih und Glied, in vielen Stücken bevorzugt, aber doch immer noch einer eisernen Disziplin unterworfen, und bildeten jenen merkwürdigen Geist einerseits militärisch-friderizianischen Selbstgefühls, andererseits innerster Auflehnung aus, einer gedanklichen Opposition, die vor nichts und niemandem zurückschreckte. So verging ihr Leben. Alt geworden, traten sie dann in die bürgerliche Gesellschaft zurück, um nun in dieser, so gut es ging, ihr Dasein zu fristen, als Lohndiener und Tafeldecker, als Schreib- und Sprachlehrer, als Teppichflechter und Stiefelputzer. Das waren die Leute, die, nach einer ganz bestimmten, und zwar im wesentlichen immer Kritik übenden Seite hin, die Lehrmeister des Berliner Volkes wurden, die den König heut in den Himmel hoben und morgen das fabelhaft Tollste von ihm aussagten, alles in einer zynisch rücksichtslosen Sprache, die bei dem Rest höherer Bildung, der vielen unter ihnen verblieben war, oft einer allerwitzigsten Zuspitzung nicht entbehrte. Diese zu Spießbürgern umgemodelten Friderizianischen Grenadiere waren es, die den berlinischen Raisoniercharakter und vor allem auch den alsbald von alt und jung begierig angenommenen berlinischen Ausdruck für dies Raisonnement schufen [...] Ein Umwandlungsprozeß, der bald nach dem Siebenjährigen Kriege seinen Anfang nahm und sich derartig rasch entwickelte, daß, als der große König seinen stillen Platz unter der Kanzel der Potsdamer Garnisonkirche bezog, der erste Berliner Schusterjunge bereits geboren war.

Dieser Essay hat mit dem folgenden Gedicht „Erstes Bataillon Garde. 1780" auf den ersten Blick kaum etwas zu tun, doch ist der innere Zusammenhang von scheinbar unabhängig voneinander existierenden Arbeiten Fontanes auch hier verblüffend:

Fontanes persönliche Haltung zu den Angehörigen des Herrscherhauses war differenziert kritisch, einen ausgenommen: Friedrich II. Er wußte wohl, wo er anfechtbar war, aber gerade seine zwiespältige, zwingende, ein Zeitalter prägende Persönlichkeit faszinierte ihn ein Leben lang. Er spukt in den frühen Preußenliedern, in den Wanderungen und Romanen, und durchaus nicht immer hinter der Szene.

Im Jahre 1888 – dem Drei-Kaiser-Jahr – las Fontane, um sich von der kräftezehrenden Niederschrift des Brouillons zu „Frau Jenny Treibel" zu erholen, Rudolf Wilhelm von Kaltenborns „Briefe eines alten preußischen Offiziers, verschiedene Charakterzüge Friedrichs des Einzigen betreffend", erschienen 1790. Hier fand er Aufschlüsse über Lebens-, Denk- und Verhaltensweisen der Grenadiere des I. Garderegiments zu Fuß, dessen Chef der König war.

So, als Ergebnis dieser Lektüre, entstand das Gedicht:

Bat. Garde (Nr. 15) aus der Zeit Friedrichs des Großen.

Erstes Bataillon Garde
(1780)

Erstes Bataillon Garde. Parad oder Schlacht
Ihm wenig „Differenzen" macht,
Ob in Potsdam sie trommelnd auf Wache ziehn,
Ob sie stehen und fallen bei Kolin,
Ob Patronenverknattern, ob Kugelpfiff,
Immer derselbe feste Griff,
Dieselbe Ruh. Jede Miene drückt aus:
„Ich gehör zur Familie, bin mit vom Haus."

Ihrer viere sitzen im Knapphans-Zelt,
Eine Kottbusser hat sich jeder bestellt,
Einen Kornus dazu; das Bier ist frisch,
Ein Berliner setzt sich mit an den Tisch,
Ein Berliner Budiker, – da währt's nicht lange,
Plappermühl ist im besten Gange.
„Wahrhaftig, ihr habt die schönste Montur,
Litzen, Paspel, Silberschnur,
Blechmützen wie Gold, gut Traktement,
Und der König jeden von euch kennt.
Erstes Bataillon Garde, Prachtkerle vor alln,
Solch Götterleben sollt mir gefalln."

Drei schwiegen. Endlich der vierte spricht:
„Ne, Freund Berliner! so is es nicht.
Eine propre Montur, was soll uns *die* geben?
Unser Götter- is bloß ein Jammerleben.
Potsdam, o du verfluchtes Loch,
Führst du doch heut in die Hölle noch,

Und nähmst *ihn* mit mitsamt seinen Hunden,
Da wär auch *der* gleich mit abgefunden,
Ich mein den da oben, – uns läg nichts dran,
Is doch bloß ein Quälgeist und Tyrann,
Schont nicht Fremde, nicht Landeskinder,
Immer derselbe Menschenschinder,
Immer dieselbe verfluchte Ravage, –
Potsdam, o du große Blamage!"

Das war dem Berliner nach seinem Sinn,
Er lächelte pfiffig vor sich hin:
„Ich sag das schon lange. Was hat er denn groß?
Große Fenstern hat er, sonst is nich viel los.
Und reden kann er. Na das kann jeder,
Hier aber, er zieht nicht gerne vom Leder."

Da lachten all vier und der eine spricht:
„Ne, Freund Budiker, *so* geht es nicht.
Zuhören kannst du, wenn wir mal fluchen,
Aber du darfst es nicht selber versuchen,
Wir dürfen frech sein und schimpfen und schwören,
Weil wir selber mit zugehören,
Wir dürfen reden von Menschenschinder,
Dafür sind wir seine Kinder;
Potsdam, o du verfluchtes Loch,
Aber *er*, er ist unser König *doch*,
Unser großer König. Gott soll mich verderben,
Wollt ich nicht gleich für Fritzen sterben."

Das Königliche Schloß in Potsdam mit Paradeplatz
Stahlstich von J. Worms 1854

Potsdam im Romanwerk Fontanes

Vor dem Sturm
(III, Kap. 15)

Potsdam, das schwer zu fassende, taucht als Residenz dreimal in Fontanes Romanen auf, aber immer nur am Rande. In diesem Roman unternehmen Lewin und Renate von Vitzewitz mit ihren Gefährten die bereits erwähnte Schlittenfahrt von Berlin nach Lehnin. Es ist Januar 1813. Yorck hat die Konvention von Tauroggen unterzeichnet. Alle warten mit Ungeduld auf einen Ruf des Königs, zu den Waffen zu greifen und Preußen vom napoleonischen Joch zu befreien. Doch in Potsdam herrscht Stille.

Fontane läßt den Pferdeschlitten am Stimmingschen Gasthaus am Wannsee (mit dem Grabhügel Kleists), an Kohlhasenbrück und Griebnitzsee vorübereilen.

Eine Minute später, und die verschneiten Weberhäuser von Nowawes, nicht viel größer als winterliche Grabhügel, lagen zu beiden Seiten, und jetzt am Brauhausberg, dann an der Schloßkolonade vorbei, ging es in das stille Potsdam hinein. Heute stiller denn je, denn der Hof und die Garden [...] waren seit einer halben Woche fort. Am Jägertor hielt Jürgaß, zehn Schritte weiter abwärts die Relais, und nachdem [...] ein paar Postknechte [...] die Pferde gewechselt und die Sielen und Schellengeläute wieder aufgelegt hatten, ging es ohne weiteren Aufenthalt in immer rascherem Tempo in die Havellandschaft hinein. Denn das Ziel mußte noch vor Sonnenuntergang erreicht werden.

Es war jetzt zwei Uhr. Die Kuppeldächer der Communs und des Neuen Palais blinkten in der Nachmittagssonne, und unmittelbar dahinter dehnte sich das Golmer Bruch.

Weiter wird aus der Residenzstadt nichts vermeldet. Die Entscheidungen fallen anderswo.

Schach von Wuthenow
(Kap. 16)

Hier läßt Fontane Frau von Carayon in delikater Mission nach Potsdam fahren: Major von Schach hat aus Laune oder Übermut ihre geistreiche, aber durch Blatternarben entstellte Tochter verführt, ohne die Konsequenzen zu ziehen; er fürchtet den Spott seiner Kameraden aus dem Regiment Gensdarmes. Die Mutter will nun den tugendhaften König bewegen, Schach moralisch zur Heirat zu verpflichten. Als Dame von Stand steigt sie im Hotel „Zum Einsiedler" in der Nähe des Stadtschlosses ab. Doch Friedrich Wilhelm III. weilt in seinem geliebten Paretz. Um die schreckliche Wartezeit zu überbrücken, läßt sie sich in den Neuen Garten fahren, zu dem noch unvollendeten Marmorpalais.

In dem Neuen Garten war es wie tot, und eine dunkle melancholische Zypressenallee schien gar kein Ende nehmen zu wollen. Endlich lenkte man nach rechts hin in einen neben einem See hinlaufenden Weg ein, dessen einreihig gepflanzte Bäume mit ihrem weit ausgestreckten und niederhängenden Gezweige den Wasserspiegel berührten. In dem Gitterwerke der Blätter aber glomm und glitzerte die niedergehende Sonne. Frau von Carayon vergaß über diese Schönheit all ihr Leid und fühlte sich dem Zauber derselben erst wieder entrissen, als der Wagen aus dem Uferweg abermals in den großen Mittelgang einbog und gleich danach vor einem aus Backstein aufgeführten, im übrigen aber mit Gold und Marmor reich geschmückten Hause hielt.

„Ah, das Marmorpalais. Das ist also das Palais..."

„Zu dienen, gnädige Frau. Das ist das Palais in dem weiland Seine Majestät König Friedrich Wilhelm II. seiner langen und schmerzlichen Wassersucht allerhöchst erlag. Und steht auch noch alles ebenso, wie's damals gestanden hat. Ich kenne das Zimmer ganz genau, wo der gute, gnädige Herr immer ,den Lebensgas' trank, den ihm der Geheimrat Hufeland in einem kleinen Ballon ans Bett bringen ließ oder vielleicht auch bloß in einer Kalbsblase. Wollen die gnädige Frau das Zimmer sehen? [...] Und ist auch dasselbe kleine Zimmer, worin sich eine Figur von der Frau Rietz oder, wie manche sagen, von der Mamsell Encken oder Gräfin Lichtenau befindet, das heißt nur eine kleine Figur, so bloß bis an die Hüften oder noch weniger."

Frau Carayon dankte. Sie war bei dem Gange, der ihr für morgen bevorstand, nicht in der Laune, das Allerheiligste der Rietz oder auch nur ihre Portraitbüste kennenlernen zu wollen. Sie sprach also den Wunsch aus, immer weiter in den Park hineinzufahren, und ließ erst umkehren, als schon die Sonne nieder war und ein kühlerer Luftton den Abend ankündigte. Wirklich, es schlug neun, als man auf der Rückfahrt an der Garnisonkirche vorüberkam, und ehe noch das Glockenspiel seinen Choral ausgespielt hatte, hielt der Wagen wieder vor dem „Einsiedler".

Die Poggenpuhls

Auch in diesem viele Jahre später entstandenen Roman blitzen noch einmal die Grenadierhelme des Ersten Regiments Garde auf; für die Konservativen der Familie noch im verklärten Licht preußischer Traditionen, doch nicht für den jungen Leo von Poggenpuhl, einem Bruder Leichtfuß (der ein wenig Fontanes ältestem Sohn George ähnelt); Leo will leben und leben lassen und hat „Schulden wie ein Major". Nun steht er vor der Alternative, entweder reich zu heiraten oder, um der Schuldhaft zu entgehen, in den Kolonialdienst auszuweichen, also ab nach Afrika, nach „Bukowa [. . .] das ist so'n Ort 2. Klasse, also wie Potsdam [. . .]"

Die Äußerung ist dem Leutnant in den Mund gelegt, einem vorlauten und bei allem liebenswerten Übermut auch standesblasierten jungen Spund, der alles, was seinen Vorfahren noch erstrebenswert und ruhmbeglänzt erschien, nur noch langweilig findet.

Theodor Fontane um 1860
Aufnahme von Loescher u. Petsch, Berlin

Freunde und Bekannte

Einerseits war Potsdam für Fontane ein politischer Begriff und bevorzugter Ort der preußischen Könige, die ihn, wenn überhaupt, dann nur mit einem großen Ja-Aber zur Kenntnis nahmen. Vor allem hat Wilhelm I., oberster Kriegsherr des Heeres, über dessen Feldzüge – 1864, 1866 und 1870/71 – Fontane vier dicke Kriegsbücher verfaßt hatte, die Hoffnungen des Dichters enttäuscht.

Am 30. 11. 1876 schrieb Fontane an Mathilde von Rohr:

Das Endresultat ist das folgende: Herr v. Wilmowski hat den Kaiser gefragt, ob er (der Kaiser) einen Grund habe, mir besonders wohl zu wollen. Diese etwas sonderbare Frage hat S. M. einfach verneint [. . .]

Mit Ausnahme des Prinzen Friedrich Karl, an dessen Tafelrunde im Jagdschloß Dreilinden Fontane öfter teil-nahm, mied er „allerhöchste Verbindungen". Als er einmal bei Prinz Karl, dem Bruder des Königs, ins Schloß Glienicke eingeladen war, der Besuch aber nicht stattfinden konnte, ärgerte ihn das nicht im Geringsten, im Gegenteil.

An seine Frau Emilie schrieb er am 23. 6. 1883:

Ich bin froh, der Einladung nach Glienicke entgangen zu sein. Ich träumte so was von einem Marquis Posa, habe mich nun aber überzeugt, daß es all diesen Herren nicht an Offenheit, Freiheit, Anregung, sondern nur an Lobpreisung und Liebedienerei liegt, und dazu bin ich nicht da.

Einerseits war Potsdam für den politischen Schriftsteller Fontane ein zwiespältiger Ort, andererseits wußte er dort aber auch Menschen, denen er sich durch geistreiche und Herzensbande verbunden fühlte.

Theodor Storm

Als erster sei hier Theodor Storm genannt. Den Husumer Rechtsanwalt hatte der Konflikt zwischen den Schlewig-Holsteinern und den Dänen nach Preußen verschlagen. (Potsdam erschien ihm aus der Ferne sympathisch, hatte doch hier eine Bürgerdeputation mit Lehrer Riehl, Justizrat Sello und Professor Helmholtz eine Sammlung für Schleswiger Freiheitskämpfer wärmstens empfohlen.) Dem üblichen Bewerbungsschreiben legte Storm im Herbst 1852 seine soeben erschienene Novelle „Immensee" bei. Das war unklug. Ein dichtender Beamter mußte in Potsdam a priori suspekt erscheinen. Man ließ ihn ein Jahr auf Antwort warten. Fontane versuchte, ihm das zukünftige Domizil in freundlichen Farben zu schildern, im „Tunnel", tröstete er ihn, werde er gewiß eine geistige Heimat finden . . . Aber:

Wie mit mancher Berühmtheit [. . .] wollte es auch mit Storm nicht so recht gehen [. . .] weil *er* sowohl wie das, was er vortrug, für den Rauch und Kaffeesalon, darin der Tunnel tagte, nicht kräftig genug gestimmt war.

Zum Glück hatte sich im gleichen Jahr von dem literarischen Sonntagsverein ein „Neben-Tunnel" abgezweigt, der „Rütli".

Wir gingen nämlich damals mit dem Gedanken um, ein belletristisches Jahrbuch, die „Argo", herauszugeben, und wünschten uns zu diesem Zwecke hervorragender Mitarbeiter zu versichern. Dazu paßte denn niemand besser als Storm, der auch wirklich ins Netz ging und eine Novelle zusagte.

In diesen Kreis wurde Storm herzlich aufgenommen. Man tagte, um der lärmigen Kaffeehaus-Atmosphäre zu entfliehen, mal bei diesem, mal bei jenem, meist im Hause des Kunstwissenschaftlers Franz Kugler oder bei Adolph Menzel, der gerade an den Illustrationen zu Kuglers „Geschichte Friedrichs des Großen" arbeitete.

In Anlehnung an Storms „Oktober-Lied" dichtete Fontane zum Empfang:

Der Herbst ist da und Storm ist da,
Schenkt ein, den Wein, den holden,
Wir wollen diesen goldnen Tag
Verschwendrisch noch vergolden ...

Was sind denn 36 Jahr,
Sie sind ein bloßes Weilchen,
Durch 40, 50, 60 hin,
Da blühen erst die Veilchen.

Mit 70 und mit 80 erst
Erschließen sich die Rosen,
Mit 90 Jahren schrieb Hafiz
Von Freundschaft, Wein und Kosen.

Theodor Storm
Holzschnitt von E. Hartmann

Diese Verse sollten den seiner Heimat beraubten Dichter, der sich mit 36 schon fast am Ende fühlte, ein wenig aufmuntern, mehr nicht, und doch steckte etwas Ahnungsvolles darin: Tatsächlich sollte Storm mit 70 sein reifstes Werk, den „Schimmelreiter" schreiben; und auch Fontane sollten sich erst mit 60 die Veilchen und mit 70 die Rosen erschließen.

Im Spätherbst 1853, als Storm mit Sack und Pack nach Potsdam übersiedelte, war von Veilchen und Rosen noch kein Schimmer:

„Wissen Sie, was ich mir als Lichtpunkte in der grauen Potsd. Existenz denke? Wir haben von unsern Sachen allerdings nur das Nöthige, aber doch ein Gastbett mit einpacken lassen; und das werden Sie dann oft einmal benutzen, Sonnabend Nachmittag herüber kommen [. . .] bei Ihnen können wir die beiden Säuglinge ja zusammenpacken, oder sie könnten wechselweise die Wiege beziehen – Ja, ja, Frau Emilie! Ich rede sehr weise [. . .]" (Storm an F. 28.10.1853)

Es waren die gleichen Schwierigkeiten in jungen Familien mit kleinen Kindern, bei Storms wie bei Fontanes.

„Frau Meise, unsere Zimmerwirtin in der Brandenburger Straße 70, ist zwar sehr nett und liebenswürdig, doch das Leben in Potsdam ist furchtbar teuer, ganze Körbe voll Torf haben wir schon verfeuert und noch keine leidliche Temperatur hervorgebracht [. . .]"

Storm hockte bis in die Nächte in dem frostigen Zimmer, er paukte Preußisches Landrecht. Der gestandene Rechtsanwalt wurde am Potsdamer Kammergericht wie ein Lehrling behandelt, bekam das Dreifache an Arbeit aufgehalst, aber erst nach einem Dreivierteljahr ein paar Taler Diäten.

Auch seine Muse darbte in der geistigen Einöde der Justizbeamtenschaft. Fontane wußte seit seinem England-aufenthalt 1852, was es bedeutet, in der Fremde einsam zu sein, er tat alles, um Storm und seiner Familie ein Gefühl von Geborgenheit zu geben. Die Herren Rütlionen

[. . .] fuhren dann in corpore – meist Kugler, Merckel, Eggers, Blomberg, ich – nach Potsdam hinüber, um unsere sogenannte „Rütlisitzung" in Storms Wohnung abzuhalten [. . .] Storm war ein sehr liebenswürdiger Wirt, sehr gastlich, und seine Frau, die schöne „Frau Constanze", fast noch mehr. Wir blieben Nachmittag und Abend und fuhren erst spät zurück. Je kleiner der Kreis war, je netter war es: er sprach dann, was er in größerer Gesellschaft vermied, über dichterisches Schaffen überhaupt und speziell auch über sein eigenes. Ich habe, bei Behandlung solcher Themata keinen anderen so Wahres und so Tiefes sagen hören [...] Unter seinen kleinen Gedichten sind viele, daran er ein halbes Jahr und länger gearbeitet hat. Deshalb erfüllen sie denn auch den Kenner mit so hoher Befriedigung.

Und doch eine Anregung empfing Fontane durch Storm: Er wurde mit dem Gogol- und Turgenjew-Übersetzer August Viedert bekannt, der gerade, 1854, „Aus dem Tagebuch eines Jägers" von Turgenjew ins Deutsche übertragen und im Verlag Heinrich Schindler herausgebracht hatte. Viedert wohnte zehn Spazierminuten von Storm entfernt in der Potsdamer Russischen Kolonie Alexandrowka.

Früh schon hatte Fontane durch Wilhelm Wolfsohn Zugang zur zeitgenössischen russischen Literatur gefunden. Zu Turgenjews Realismus erkannte er eine gewisse Geistesverwandtschaft, er bewunderte seinen Esprit und die poetische Beobachtungsgabe, bedauerte nur die völlige Abwesenheit eines erquicklichen Humors; Turgenjews Muse, so äußerte er einmal Frau Emilie gegenüber, ginge immer in Sack und Asche.

Um einen „erquicklichen Humor" bemühten sich aber die Autoren des Jahrbuches „Argo". Es sollte sich deutlich von den üblichen seicht-sentimentalen Erbauungsjournalen abheben. Höchstmögliche Qualität anzustreben, war das beherrschende Thema des Rütli-Kreises in dieser Zeit. Doch auch die heitere Geselligkeit kam nicht zu kurz.

Um die Ehefrauen einzubeziehen, entstand aus dem „Rütli" schließlich die „Ellora", eine Persiflage auf Verein und Vereinsmeierei, und Emilie Fontane wurde zur „Ellora-Mutter" ernannt. Mit Constanze Storm verstand sie sich ohne große Worte: Beide hatten mehr Kinder zur Welt gebracht, als ihrer zarten Gesundheit zuträglich war, beide hielten ihren Männern die Unbilden des Alltags weitgehend fern, beide hatten gelernt, hauszuhalten, beide waren oft genug Seelentröster und Finanzminister sans portefeuille.

[...] diese Reunions in unseres Storms Potsdamer Hause waren sehr angenehm, lehrreich und fördernd [...], aber sie litten doch auch an jenen kleinen Sonderbarkeiten, die nun einmal alles Stormsche begleiteten und ein Resultat seines weltfremden Lebens und eines gewissen Jean Paulismus waren [...]

In Storms Potsdamer Hause ging es her wie in dem öfters von ihm beschriebenen Hause seiner Husumer Großmutter, und was das Schlimmste war, er war sehr stolz darauf [...] Das Lämpchen, der Teekessel, dessen Deckel klapperte, die holländische Teekanne daneben, das alles waren Dinge, darauf nicht nur sein Blick andächtig ruhte – das hätte man ihm noch gönnen können –, nein, es waren auch Dinge, die gleiche Würdigung von denen erwarteten, die, weil anders geartet, nicht viel davon machen konnten und durch das *Absichtliche* darin ein wenig verstimmt wurden... so glaubte Storm ganz ernsthaft, daß eine wirkliche Tasse Tee nur aus seiner Husumer Kanne kommen könne. Die Provinzialsimpelei steigerte sich mitunter bis zum Großartigen.

Fontane, der in London den Atem der weiten Welt gespürt hatte, warnte ihn: „Lieber Storm, Großmutters Uhrenkasten ist nicht die Welt!" Er verstand nicht, daß Storm diese Kult-Nische zum Überleben brauchte. Ihre Mentalität, ihre Sicht auf die Dinge des Lebens waren zu verschieden; es kam zu Mißverständnissen, unter denen sie litten und die sie schnell aufzuheben suchten. „Liebster Fontane", schrieb Storm im Februar 1855, als er die ersehnte Berufung zum Kreisrichter nach Heiligenstadt bekam, „nicht wahr, Sie kommen doch um jeden Preis, es ist ja vielleicht das letzte Mal, daß ich Sie sehen kann ..." Im September dieses Jahres fuhr Fontane ein drittes Mal nach London, wo er mit einer – vom preußischen Ministerium gewünschten – offiziösen Pressekorrespondenz den Grundstein für eine literarische Existenz zu schaffen hoffte. So trennten sich ihre Wege für lange Zeit.

Aus Heiligenstadt schrieb Storm: „Ich glaube, wir haben viel versäumt." Sie tauschten wenige, aber mitfühlende, fast liebevolle Briefe; die politischen Divergenzen brachen erst wieder auf, als Fontane 1864 die siegreichen preußischen Truppen bei ihrem Einzug in Berlin mit einem Gedicht begrüßte und Storm aufforderte ebenfalls eins zu schreiben.

„Liebster Fontane", grollte Storm, „Hol Sie der Teufel! Wie kommen Sie dazu daß ich eine Siegeshymne dichten soll! [. . .] nur das wird Preußen ungefressen lassen was ihm [. . .] verwehrt wird. [. . .] Ihr Einzugslied [. . .] feiert lediglich die militairische Bravour [. . .], von einem sittlichen Gehalt der Tat weiß es nichts."

Fontane dachte anders über die Dinge. Doch dann entwickelte sich alles ziemlich schnell so, wie es Storm prophezeit hatte: Schleswig-Holstein wurde preußische Provinz.

Er [Storm] zog es vor [. . .] den politischen Ankläger zu machen. Mit seiner kleinen, feinen Stimme ließ er sich über das Inferiore preußischen Wesens ganz unbefangen aus [. . .] Ich habe zahlreiche Gespräche mit ihm über dieses diffizile Thema gehabt [. . .]

schrieb Fontane in hohem Alter in seinen Erinnerungen „Von Zwanzig bis Dreißig". Aber er schloß das Storm-Kapitel:

„Als Lyriker ist er, das mindeste zu sagen, unter den drei, vier Besten, die nach Goethe kommen. Dem Menschen aber, trotz allem, was uns trennte, durch Jahre hin nahegestanden zu haben, zählt zu den glücklichsten Fügungen meines Lebens."

Ehepaar Zöllner

Ungetrübt von Problemen oder Mißverständnissen blieb zu allen Zeiten Fontanes Verhältnis zu Karl Zöllner, einem Juristen mit literarischen Neigungen. Er gehörte zum Freundeskreis des Rütli (mit Rütli-Namen „Chevalier") und mit seiner Frau (der „Chevalière") auch zur Ellora, dem geselligen Kränzchen, in das die Familien der Rütlionen einbezogen waren.

Ellora ging davon aus, daß es nur wenige Dinge im Leben gibt, die es verdienen, ernst genommen zu werden: Freundschaft und Liebe zum Beispiel. Für Emilie Fontane erwies sich das Band tätiger Sympathie und geistiger Übereinstimmung zwischen den Ehefrauen der Rütlionen als lebenserhaltend in den schweren Anfangsjahren.

Fontane vergalt viele kleine Wohltaten und Aufmerk-

samkeiten mit feuilletonistischen Briefen; von allen literarischen Impromptus, die als Markenzeichen für Rütli und Ellora angesehen werden konnten, waren die herzlichsten an den Chevalier und die Chevalière gerichtet. Nicht selten gerann eine kleine Anfrage, zum Beispiel: „Wie ergeht es Euch in Eurer neuen Wohnung?", zu einem langen Versgestrick.

Karl Zöllner hatte im Mai 1861 eine Tätigkeit an der Potsdamer Staatsanwaltschaft aufgenommen und war mit der Familie in „ein Haus noch vom Soldatenkönig her", Am Neuen Markt 11, gleich hinter dem Stadtschloß gezogen. Bekannt war ihnen die Stadt schon von früher, hatten sie doch öfter an Rütli- und Ellora-Sitzungen bei Storm teilgenommen.

An Chevalier (Karl Zöllner)
(Mai 1861)

Sag, wo soll mein Herz Dich suchen! wanderst Du am
    Heil'gensee,
Wo die Rietz einst lüstern lachte, wanderst Du gen
    Glinecké,
Wanderst Du hinauf die Treppen bis zu jenem
    Sanssouci,
Wo von Raumer jemand sagte: o zu dumm ist
    dieses Vieh.

Oder steigst Du hügelanwärts, anwärts bis nach
    Babelsberg,
Wo das Höchste, das man träumet, höchstens doch ein
    Babelzwerg.
Kühn bis in den Himmel bauet niemand dort auch nur im
    Traum.
Der ,moralische Erobrungs'-Turm, er mißt drei Ellen
    kaum.

Oder ziehst du vor, zu wandern stadtwärts zur
    ,Einsiedelei',
Wo so viele schon empfanden, daß zu zwein
    es besser sei,
Liest du dort die neuste Zeitung, Macdonald und andren
    Kram,
Und wie unser armer Patzke gründlich in die Patsche
    kam.

Apropos, bei Ehrenmännern denk ich auch an unsren
    Storm,
Kunde kam, der eine Junge sei noch immer höchst
    abnorm,
Bisse immer noch in Waden, wenn sich Fremde ließen
    sehn, –
Existieret noch der Schauplatz, wo der Überfall
    geschehn?!

Zwölfe schlägt's; längst kalt geworden ist der Tee, von
    dem ich nippe,
Drum nur kurz noch: Freund, wie steht es mit der Kälte,
    mit der Grippe,
Ist die Gattin, die verehrte, wieder munter, wieder
    heiter? –
Ach, ein heitrer Sinn ist alles, ist die wahre Himmelsleiter.

Und was macht der kleine Liebling? Blau und blond und
    weiß von Teint,
Geht er auf die Wachtparade, hört er dort das
    Schneddretin?
Grüßt ihn – ach, die Schiebelampe gab ihr letztes Tröpflein
    Öl
Blakig riecht es, seid gegrüßet auf das herzlichste von

Noel.

Berlin, an einem Ellora-Donnerstag, als es noch kalt, die Elloramutter bei Merckels
und ich in Einsamkeit und Mitternacht zu Hause war.

Dieser liebenswürdige Reime-Brief strotzt von Anspielungen auf Sachverhalte und gemeinsame Unternehmungen, die dem heutigen Leser nicht mehr ohne weiteres verständlich sind: Die lüstern-lachende Rietz war die Geliebte Friedrich Wilhelms II., der das Marmorpalais am Heiligensee bauen ließ. – In Glienicke residierte Prinz Karl, Bruder des Königs, der manchmal zu seiner Unterhaltung Künstler einlud. – Friedrich Raumer hatte das Mißfallen des Hausherrn von Sanssouci (FW IV.) erregt, als er in einer Festrede an der Akademie der Wissenschaften zu sehr die religiöse Toleranz Friedrichs des Großen betonte. – In Babelsberg hatte sich Prinzregent Wilhelm (später Kaiser Wilhelm I.) ein neogotisches Schloß und den Flatowturm errichten lassen, die Abneigung gegen den Bauherrn ist deutlich. – Die Einsiedelei ist das berühmte Hotel „Zum Einsiedler". – Die Erwähnung der Affairen Macdonald und Patzke zeigt, daß Briefschreiber und Adressat gleichermaßen politisch interessiert und gut unterrichtet waren: Macdonald, britischer „Capitain", war in Preußen wegen Körperverletzung verurteilt worden, britische Zeitungen schaukelten die an sich harmlose Angelegenheit hoch, hiesige Blätter reagierten empfindlich, und so kam es zeitweilig zu diplomatischen Spannungen zwischen Großbritannien und Preußen. Als Redakteur für den englischen Artikel in der Neuen Preußischen (Kreuz-) Zeitung war Fontane unmittelbar mit diesem Fall befaßt. – Patzke, Oberst der Berliner Schutzpolizei, hatte dem Polizeipräsidenten diensteigene Pferde zugeschanzt, doch nicht der Begünstigte, sondern Patzke kam in die Patsche. – Mit dem kleinen Liebling ist Zöllners Jüngster, Karl Friedrich, gemeint. Die Ellora-Mutter ist Emilie Fontane. – Noel ist Fontanes doppeldeutiger Neckname: Zum einen bezog dieser sich auf Gordon Noel Byron, dessen Dichtungen auf den jungen Fontane stark gewirkt hatten, zum andern verwies er auf eine gewisse Langsamkeit, von der auch das Gedicht „Fritz Katzfuß" spricht.

Toast auf die Chevalière
(12. Dezember 1862)

Wer ist, wer, uns wieder nah,
Wer ist von Potsdam wieder da?
Wer ist von Potsdam frisch zurück
Und wohnet jetzt Potsdamer Brück'?
    Wer ist's? Das ist auf Ehre
    Unsre teure Chevalière.

Wer ist es, der in dieser Stadt
Ein Herz noch für Ellora hat?
Wer ist es, der noch überhaupt
An Dick, Noel, Ottowalden glaubt?
    Wer ist's? Das ist auf Ehre
    Unsre teure Chevalière.

Wer ist's, der immerdar gewußt',
Wie es doch endlich kommen mußt'?
Wer ist's, der nie gezweifelt haat
An Friede und dem preuß'schen Staat?
    Wer ist's? Das ist auf Ehre
    unsre teure Chevalière.

Wer ist (wir wissen's längst genau)
Die beste, liebenswertste Frau,
Wer ist, hier hilft kein Hott und Heh,
Das beßre Teil des Chevalièr?
    Wer ist's? Das ist auf Ehre
    Unsre teure Chevalière.

Und weil sie denn zu dieser Frist
Die liebste und die beste ist,
So lebe denn geschwind, geschwind,
Nicht *Er* bloß, das Geburtstagkind,
    Es leb' auch *sie*, auf Ehre,
    Unsre teure Chevalière.

Emilie Zöllner
Zeichnung von August von Heyden

Zweierlei wird in dem gereimten Brief an Karl Zöllner deutlich: wie gut sich Fontane in der Residenzstadt Potsdam auskannte und wie hoch die Kultur des Umgangstones war, die Rütlionen und Elloristen auszeichnete.

Die Episode mit dem Wadenbiß mußte wohl seinerzeit alle Gemüter erregt haben, sie geschah 1854, lag also schon sieben Jahre zurück – Storms wohnten damals noch in der Waisenstraße 64 oder schon im Holländischen Viertel, Kreuzstraße 15, – dennoch erwähnt sie Fontane wieder; und viele Jahre später erzählt er sie in den Autobiographischen Schriften noch einmal („Von Zwanzig bis Dreißig" – Der Tunnel über der Spree –, 4. Kap.):

Storm [. . .] sah mit überlegenem Lächeln auf Pedantismus und preußischen Drill hernieder. Er war eben für Individualität und Freiheit, beides ‚ungedeelt'. Eines Abends saßen wir munter zu Tisch, und die Bowle, die den Schluß machen sollte, war eben aufgetragen, als ich mit einem Male wahrnahm, daß sich unser Freund Merckel nicht nur verfärbte, sondern auch ziemlich erregt unter dem Tisch recherchierte. Richtig, da hockte noch der Übeltäter: einer der kleineren Stormschen Söhne, der sich heimlich unter das Tischtuch verkrochen und hier unseren kleinen Kammergerichtsrat, vor dem wir alle einen heillosen Respekt hatten, in die Wade gebissen hatte. Storm mißbilligte diesen Akt, hielt seine Mißbilligung aber doch in ganz eigentümlich gemäßigten Grenzen, was dann, auf der Rückfahrt, einen unerschöpflichen Stoff für unsere Coupeeunterhaltung abgab. Schließlich, soviel ist gewiß, werden die Menschen *das*, was sie werden sollen, und so darf man an derlei Dinge nicht allzu ernste Betrachtungen knüpfen; aber das hab ich doch immer wieder und wieder gefunden, daß Lyriker, und ganz besonders Romantiker, durch erzieherische Gaben nur sehr ausnahmsweise glänzen.

Schloß Glienicke bei Potsdam um 1860
Stahlstich nach J. Gottheil von Poppel u. Kurz

Schloß Babelsberg um 1860
Stahlstich nach J. Gottheil
von Poppel u. Kurz

Das Marmorpalais bei Potsdam
am Heiligen See
nach der Zeichnung von Hugo Spindler

Louis Schneider

Alle Persönlichkeiten, denen Fontane im „Tunnel über der Spree" begegnete, sind in „Zwanzig bis Dreißig" facettenreich charakterisiert, und zwar Avers und Revers. Man spürt das Bemühen des Autors, das bleibend Wertvolle und Positive herauszustellen, allerdings auch individuell scharf zu charakterisieren. Das kommt auch dem heute vergessenen Louis Schneider zugute. Dieser war

im ‚Tunnel' nicht mehr und nicht weniger als alles. Er herrschte, weil er passioniert war und nicht bloß ein Herz für die Sache, sondern auch noch allerlei andere hochschätzbare Vereins- und Gesellschaftsgaben mitbrachte. Nur freilich an der hochschätzbarsten Gabe gebrach es ihm völlig. Er stand einer Poeten-Gesellschaft vor, ohne selbst auch nur das Geringste von einem Poeten an sich zu haben.

Als der blutjunge Dichter Theodor Fontane durch Bernhard von Lepel 1843 in den „Tunnel über der Spree", eine 1827 in Berlin gegründete freie Gesellschaft von Dichtern und Künstlern, eingeführt wurde, war Schneider dort bereits unangefochtener „Faiseur"; überdies Hofschauspieler und Herausgeber des „Soldatenfreundes". 1848 wurde er wegen seiner demonstrativen Königstreue in Berlin und Hamburg von einem aufgebrachten Publikum ausgepfiffen. Friedrich Wilhelm IV. ernannte ihn – als Geste der Dankbarkeit – zum Hofrat und königlichen Vorleser. „Was sich von den Dichtungen unserer „Tunnel"-Leute nur irgendwie zum Vorlesen an den Tee-Abenden in Sanssouci, Charlottenhof oder Charlottenburg eignete, kam auch wirklich zum Vortrag," – auch Fontanes Romanzenzyklus „Von der schönen Rosamunde". Er gefiel, vor allem den Damen, wurde aber, wie fast alles Vorgelesene, schnell vergessen. Wenn Louis Schneider je etwas von bleibendem Wert ins Leben gerufen hatte, so war das der Verein für die Geschichte Potsdams. Aber nicht dies hob Fontane hervor, sondern Schneiders Faible für humoristisch angeflogene Histörchen

und Anekdoten, die er für alle Lebenslagen parat hatte. Wie ahnungsvolles „Rauschen im Wald" klingt der Trostsatz des Schauspielers: „Um neun ist alles aus" . . .

Wenige Monate nachdem „Von Zwanzig bis Dreißig" als Buch erschienen war, starb Fontane, am 20. September 1898. Abends um neun.

Ich persönlich habe sehr viel von Schneider gehabt, obschon er mir mehr oder weniger unsympathisch, seine Politik – trotzdem ich sie vorstehend verteidigt – im wesentlichen contre cœur und seine Kunst geradezu schrecklich war.

Daß ich mich ihm demohnerachtet so sehr zu Dank verpflichtet fühle, liegt in zwei Dingen: erstens darin, daß wir dasselbe Feld, Mark Brandenburg, kultivierten, und zweitens darin, daß er ein Sentenzen- und Sprichwortsmann war, ein Mann, nicht der zitierten, wohl aber der selbstgeschaffenen „geflügelten Worte" . Diese Worte, wie sein ganzes Wesen, waren immer prosaisch und gemeinplätzig, aber vielleicht wirkten sie gerade dadurch so stark auf mich. Feine Sachen amüsieren mehr; ein Hieb aber, der so recht sitzen soll, muß etwas grob sein. Er war das verkörperte elfte Gebot, „laß dich nicht verblüffen", und seine Berliner Weltweisheit, seine burleske, mitunter stark ins Zynische gehende Unverfrorenheit hat mich oft erquickt, auch gefördert.

In der Zeit, wo ich meine „Wanderungen durch die Mark Brandenburg" zu schreiben anfing, sah ich ihn oft, um Ratschläge von ihm entgegenzunehmen. Namentlich bei dem Bande, der das „Havelland" behandelt, ist er mir sehr von Nutzen gewesen.

Er wohnte damals, wenn mir recht ist, am „Kanal", in einem echten alten Potsdamer Hause, das noch ganz den Stempel Friedrich Wilhelms I. trug. Er hatte sich alles sehr wohnlich zurechtgemacht, und sein Arbeitszimmer, das bei großer Tiefe nach hinten zu jede Lichtabstufung zeigte, konnte als ein Ideal in seiner Art gelten. In allem etwas prinzipienreitrig, war er denn auch unentwegt der Mann des Stehpults geblieben, also einer Stellage von gut berechneter Höhe, darauf er alles zur Hand hatte, was er brauchte, besonders auch ein Glas mit kaltem, russischem Tee. So fand ich ihn regelmäßig vor, in Nähe des Pults ein langer Tisch, darauf zahllose Zeitungen teils aufgetürmt, teils ausgebreitet lagen. Er empfing mich immer gleich liebenswürdig, spielte nie den Gestörten oder wohl gar den „in seinen Gedanken Unterbrochenen" und gab mir Aufschluß über das Mannigfaltigste, besonders über Reiserouten, wobei er's nur in dem einen versah, daß er mich immer dahin dirigieren wollte, wo vorher noch niemand gewesen war. Dies auf Entdeckungen Ausziehn hätte ja nun sehr gut und für mich sehr ver- führerisch sein können; aber er hatte dabei nur den Sinn für eine herzu- stellende möglichste Vollständig- keit des Materials – *wie* das Material schließlich ausfiel, war ihm gleich- gültig, *mir* aber keineswegs. Er ging durchaus nicht dem Interessanten und Poetischen nach, und deshalb konnte ich von seinen Direktiven nur sehr selten Gebrauch machen. Er war noch aus jener merkwürdigen märkisch-historischen Schule, der die Feststellung einer „Kietzer Fischereigerechtigkeit" die Haupt- sache bleibt.

Louis Schneider
Hofschauspieler, Geh. Hofrat,
Vorleser Friedrich Wilhelm IV.
Holzstich aus „Der Bär" 1879

Wenn wir dann so eine kleine halbe Stunde geplaudert hatten – eine Aufforderung zum Bleiben erging nie –, erschien Frau Geheime Hofrätin Schneider aus ihrer an der andren Flurseite gelegenen Kemnate, um durch ihren Eintritt sowohl dem Gaste wie auch ihrem Ehemanne anzudeuten, „es sei nun genug". Sie war immer sehr sorglich gekleidet, von einer ausreichenden, aber doch sehr reservierten Artigkeit und trug Allüren zur Schau, wie man sie jetzt kaum noch findet und die, vielleicht um eben dieses Hingeschwundenen willen, den Reiz eines kultur- bildlichen Interesses für mich gewahrt haben. Nach Abstammung und Naturanlage war Frau Geheime Hofrätin Schneider lediglich dazu bestimmt, der Typus einer stattlichen Bourgeoise zu werden; ihr Lebens- gang am Theater aber hatte Sorge dafür getragen, ihr noch einen Extra- Nimbus zu geben und dadurch jene feine Nebenspezies herzustellen, de- ren sich manche jetzt alten Berliner aus ihren jungen Tagen her wohl noch erinnern werden. Alle Berliner Schauspielerinnen und Sängerin- nen, namentlich aber Tänzerinnen, deren Lebensweg also mehr oder weniger einer perpetuellen Revue vor den Augen Seiner Majestät gegli- chen hatte, hatten unter diesem kö- niglichen Augen-Einfluß ein Selbst- bewußtsein ausgebildet, das sich in den leichteren Fällen bis zu einer ei- nen gesellschaftlichen Unterschied stark markierenden Würde, in den schwereren Fällen bis zu eiskalter Unnahbarkeit steigerte. Die natürli- che Grundlage blieb aber doch „die Berliner Madam", ein Etwas, das die Welt nicht zum zweiten Male gesehn. Frau Schneider übrigens, wie hier huldigend bemerkt sein mag, war von der milderen Observanz; sie war noch nicht absolut vergletschert, sie hatte noch ein Lächeln.

Aber trotz dieses Lächelns, ihr Erscheinen, wie schon ange- deutet, bedeutete doch jedesmal Rückzugsnotwendigkeit, der ich denn auch rasch gehorchte. Tags darauf erhielt ich meist ein

Buch oder eine Zeitschrift, die den vielleicht ungünstigen Eindruck einer durch äußere Einflüsse etwas rasch abgebrochenen Verhandlung wieder begleichen sollte.

Mehr noch als von Schneiders literarischen Beihilfen hab ich aber von seinen Geschichten und Anekdoten gehabt, denen ich immer ein sehr offenes Ohr entgegenbrachte. Wer ein bißchen das Leben kennt, wird wissen, daß man nach dieser Seite hin von den poetisch Geistreichen oder gar den „literarischen Leuten" als solchen meistens nicht viel hat, sehr viel aber von den spezifisch Prosaischen. Schneider glich einem Abreiß-Kalender, auf dem von Tag zu Tag immer was Gutes steht, was Gutes, das dann den Nagel auf den Kopf trifft. „Ja, mit dem schlechten Theater", so hieß es in einem dieser Gespräche, „wie oft habe ich diese Klage hören müssen! Da hab ich denn, weil mir's zuletzt

zuviel wurde, die Berliner Zeitungen seit Anno 1787 vorgenommen und kann es nun belegen, daß in jedem Jahr regelmäßig gesagt worden ist: ‚so schlecht sei das Theater noch nie gewesen'."

Und was er hier vom Theater sagt, paßt, glaub ich, auf alles.

Wofür ich ihm aber am meisten verpflichtet bin, das ist das folgende. „Sie müssen sich nicht ärgern und nicht ängstigen. Sehen Sie, wir hatten da, als ich noch auf der Bühne herummimte, einen Trostsatz, der lautete: ‚Um neun ist alles aus.' Und mit diesem Satze haben wir manchen über schwere Stunden weggeholfen. Ich kann Ihnen diesen Satz nicht genug empfehlen."

Und das hat mir der gute Schneider nicht umsonst gesagt. Ich bin ihm bis diese Stunde dafür dankbar,

„um neun ist alles aus".

Verein für die Geschichte Potsdams

Als Redakteur der Neuen Preußischen (Kreuz-)Zeitung besprach Fontane in den Jahren 1864 bis 1868 mehrmals die „Mitteilungen", sprich Jahresprotokolle des Vereins für die Geschichte Potsdams.

Er selbst hatte darin mancherlei Anregungen empfangen; so basiert das Kapitel „Die Havelschwäne" im Band „Havelland" offensichtlich auf Louis Schneiders Vereins-Vortrag "Die Schwanenfütterung bei Potsdam".

Der Wanderer durch die Mark spricht also durchaus pro domo, wenn er eine Rezension mit der Aufforderung schließt, andere Städte in der Mark möchten sich an Potsdam ein Beispiel nehmen und durch Gründung lokalhistorischer Vereine der historischen Forschung überhaupt Vorschub leisten.

Nachstehend drei der von Fontane zwischen 1864/68 in den Mitteilungen des Vereins veröffentlichten Berichte über dessen Arbeiten:

Der „Verein für die Geschichte Potsdams", der schon im vorigen Jahre einen stattlichen, damals von uns angezeigten und empfohlenen Quartband veröffentlichte, hat soeben einen *zweiten* Band (Potsdam, Gropiussche Buchhandlung) veröffentlicht, der neben den *Protokollen* der vom April bis November abgehaltenen zehn Sitzungen des Vereins auch dreizehn die Geschichte Potsdams betreffende Aufsätze enthält, die in den Sitzungen zum Vortrag kamen. Wir nennen unter diesen Aufsätzen als besonders interessant: „Die Gruft auf Sanssouci" (von Al. Bethge); „In Sachen des Glockenspieles auf dem Potsdamer Garnisonturme" (vom Organisten Baltin); „Das Cabinets-Ordres-Buch Friedrichs des Großen im Archiv des Magistrats (1776 – 1786)"; „Eine Spukgeschichte auf Sanssouci" (vom Direktor der Oberrechnungskammer Villaume) und endlich die vier Vorträge des Hofrats L. Schneider: „Die Territorien von *Sanssouci*: Hopfengarten, Meierei, Küchengarten"; „Die Territorien von *Babelsberg*"; „Das Belvédère beim Neuen Palais von

Sanssouci" und „Friedrich der Große und die Jagd bei Potsdam". Den Beschluß macht eine vortreffliche Arbeit des Oberlehrers Holtze am Berliner Kadettencorps, die in sehr geschickter und anziehender und, was namentlich hervorzuheben ist, in durchaus *klarer* Weise die erste Potsdam betreffende Urkunde aus dem Jahre 993 paraphrasiert. Solche Urkunden enthalten auf den ersten Blick wenig Interessantes; wer aber, aus der Fülle der Kenntnis heraus, einen scheinbar so dürftigen Inhalt zu interpretieren und an das Kleine und Spezielle das Große und Allgemeine anzuknüpfen versteht, der weiß die anfänglich dürre Sandscholle alsbald in ein Stück Gartenland umzuwandeln. Eine solche Urkunde ist wie eine Zeichnung mit sympathetischer Dinte; jetzt zeigt sie nichts als ein leeres Blatt, aber im nächsten Augenblick, unter dem Einfluß von Licht und Wärme, wachsen ungeahnte Dinge und Gestalten auf. – Der Preis dieses zweiten Bandes (wie des ersten) ist 1 Tlr. Eine Zeichnung von Prof. *Adolf Menzel:* „Eine Wendenwohnung, von einem Bären überfallen", ist diesem zweiten Bande beigegeben. Möchten andere Städte unserer Mark sich an Potsdam ein Beispiel nehmen und durch Gründung lokalhistorischer Vereine der historischen Forschung überhaupt Vorschub leisten.

Potsdamer Geschichte

Der von Hofrat L. *Schneider* gegründete, überaus rührige *„Verein für die Geschichte Potsdams"*, auf dessen Wirksamkeit und literarische Arbeiten wir schon mehrfach hingewiesen haben, hat eben jetzt die *dritte* Lieferung seiner „Mitteilungen" ausgegeben, so daß jetzt ein starker, aus drei Lieferungen bestehender Quartband vorliegt, der den Titel führt: „Mitteilungen des Vereins für die Geschichte Potsdams". Dieser Band besteht aus dreiundzwanzig Sitzungsprotokollen und aus den vierundvierzig Vorträgen, die während dieser Sitzungen gehalten worden sind. Lieferung 1 und 2 haben wir seinerzeit besprochen, so daß wir uns heute lediglich der *dritten* Lieferung zuzuwenden haben, die mit dem Protokoll der siebzehnten Sitzung beginnt und die Vorträge von Nr. 28 bis 44 umfaßt. Diese siebzehn Vorträge behandeln folgende Themata:

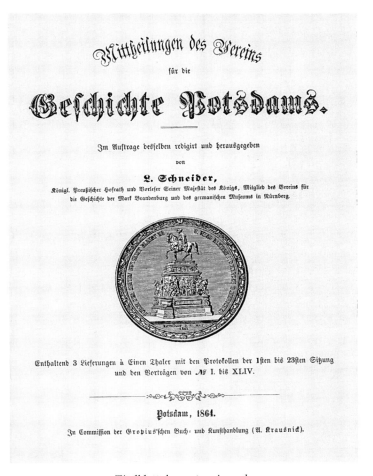

Titelblatt der ersten Ausgabe

1. „Die heidnischen Altertümer aus der Umgegend von Potsdam". Vom Freiherrn Leopold von Ledebur. 2. „Straßen- und andere Namen in und bei Potsdam". Von W. Riehl. 3. „Zweiundsechzig Stunden lebendig begraben". Vom Polizeirat Thiedcke. 4. „Die Schwanenfütterungen bei Potsdam". Vom Hofrat Schneider. 5. „In Sachen der Gemälde in der hiesigen Hof- und Garnisonkirche". Vom Rektor Ostmann. 6. „Potsdams älteste Stadturkunde". Vom Archivar Fidicin.

7. „Der Verkauf Potsdams an das Domkapitel zu Brandenburg im Jahre 1323". Vom Prof. Dr. Heffter. 8. „Friedr. Wilh. von Rohdich, Kgl. Preuß. General der Infanterie, Staats- und Kriegsminister". Vom Oberst von Puttkamer. 9. „Alte Lieder und Gebräuche der Kietzfischer von Potsdam". Vom Hofrat Schneider. 10. „Die Mark Brandenburg im 3. Jahrhundert, insbesondere die Gegend um Berlin und Potsdam". Vom Baurat Crüger in Schneidemühl. 11. „Der große Brunnen von Sanssouci". Von L. Schneider. 12. „Das Bibliothekzimmer in Schloß Sanssouci". Von L. Schneider. 13. „Markgraf Ludwig der ältere bestätigt die Rechte der Stadt Potsdam Anno 1345". Von L. Schneider. 14. „Die Verpfändungen von Potsdam". Vom Prof. Voigt in Berlin. 15. „Die Kanonen im Lustgarten zu Potsdam". Von L. Schneider. 16. „Die Fontänenkunstmühlen Friedrichs des Großen". Von L. Schneider. 17. „Die Geburtsstätte König Friedrich Wilhelms III." Von L. Schneider.

In besonderem Maße haben uns die Vorträge: „Heidnische Altertümer bei Potsdam"; „Die Schwanenfütterung"; „Die Gemälde in der Garnisonkirche"; „General von Rohdich"; „Alte Lieder und Gebräuche der Kietzfischer"; „Das Bibliothekzimmer in Sanssouci" und „Die Geburtsstätte König Friedrich Wilhelms III." interessiert.

Jeder, der Herz und Sinn für die Geschichte unseres Landes hat, wird diese „Mitteilungen" dankbar entgegennehmen.

Auch der Unterrichtetste, der seine Studien an verwandte Untersuchungen gesetzt hat, wird vieles aus diesen „Mitteilungen" lernen; in erster Reihe indes verfolgen dieselben nicht den Zweck, *Kennende* zu befriedigen, sondern Kennende sollen geschaffen, Anregung soll gegeben werden. Dies geschieht im vollsten Maße.

Der Verein, in seinem Eifer und seiner Strebsamkeit, sollte überall Nacheiferung im Lande wecken.

Viel ist neuerdings geschehn, aber vieles bleibt noch zu tun übrig.

Der Preis des Bandes ist 3 Tlr., jede Lieferung 1 Tlr.

Wir machen schließlich auch noch darauf aufmerksam, daß diesem Band 1 ein sehr gutes *Register* beigegeben ist, so daß man ohne Mühe nachschlagen kann.

Der Verein für die Geschichte Potsdams

Früher schon haben wir auf den im Jahre 1862 vom Geh. Hofrat Schneider gegründeten „Verein für die Geschichte Potsdams" hingewiesen und denselben in seiner Organisation und *Lebensweise* (wenn man uns diesen Ausdruck gestatten will) als ein nicht leicht zu übertreffendes Muster aufgestellt. Das Eigentümliche dieses Vereins besteht nämlich darin, daß er sich nicht bloß versammelt, spricht, schreibt und wieder auseinandergeht, sondern darin, daß er in vollstem Sinne *lebt*. Deshalb hat er wohl Regel, Sitte, Tradition, aber nicht jene Paragraphenfülle, die Zwang antuend, Fessel anlegend, kein frisches Leben, am wenigsten aber Entwickelung und Bewegung aufkommen läßt. Beides hat nun aber der Potsdamer Verein.

Die „Mitteilungen" des Vereins, die uns heute in einem *dritten*, starken Bande vorliegen, geben Zeugnis davon. Dieser dritte Band – die Protokolle und die Vorträge aus der Zeit vom Dezember 1865 bis Juni 1867 enthaltend – wurde in seiner ersten Hälfte schon vor etwa einem halben Jahre von uns besprochen; die heute uns vorliegende zweite Hälfte enthält: „Die *von der Gröben* und ihre Pfand- und Lehnbesitzungen in und um Potsdam" vom Direktor von Ledebur; „Ist der Generallieutenant *von Einsiedel* in seinem Hause (jetzt Hôtel zum Einsiedler) enthauptet worden?" vom Major Schelowsky; „Rheinsberg und Sanssouci" von Dr. Georg Horn; "Die ältesten Privilegien der Schuhmacher" vom Lehrer Wagener; „Kurfürst Friedrich II. verleiht der Gattin Georg von Waldenfels' Hebungen aus Potsdam zum Leibgedinge" von Prof. F. Voigt; „Die Potsdamer Bettgelder"; Bellamintes' „Das itzblühende Potsdam"; „Ein Potsdamer Fischwehr zur Zeit der beiden ersten Kurfürsten"; "Ist Gundling in einem Weinfasse begraben worden?" und „Eine Reise von Potsdam über Berlin nach Schönhausen" – fünf Vorträge vom Geh.-Rat Schneider; „Ein Konflikt zwischen Rat und Bürgerschaft im Jahre 1599" vom Lehrer Wagener; "Ein Hofnarr als Potsdamer Geschichtsschreiber" vom Rendanten Seligo; „Das Plateau von Stolpe und Kohlhasenbrück" vom Lehrer Wagener und „Hans Kohlhase" vom Baron von Ahlefeldt.

Die Vorträge über den General von Einsiedel und das bekannte Hôtel zum Einsiedler, ferner „Das itzblühende Potsdam" (eine Dichtung in Alexandrinern), endlich die Aufsätze über Gundling und den Hofnarren Graben zum Stein werden vorzugsweise interessieren. Übrigens sagen wir dies „ohne Präjustiz" gegen anderes; der Geschmack, namentlich auch auf diesem Gebiete, geht sehr verschiedene Wege.

Wir wünschen dem Verein, der sich, das *Lokale* scharf ins Auge fassend, gerade dadurch um die vaterländische Geschichte große Verdienste erworben hat, ein ferneres Gedeihen.

Hesekiel

Vor dem Jägertor in Potsdam wohnten Elisabeth und Ludovica Hesekiel, Witwe und Tochter George Hesekiels, dem Fontane in „Von Zwanzig bis Dreißig" ein umfangreiches Kapitel gewidmet hat.

Ich fühlte mich, ich will nicht sagen zu ihm hingezogen, aber doch in hohem Maße durch ihn interessiert. Er war gescheit von Natur, hatte, nicht schulmäßig, aber im Leben und durch Lektüre viel gelernt, kannte tausend Geschichten und Anekdoten.

Fontane und Hesekiel waren gleichaltrig, kannten sich schon aus der „Tunnel"-Zeit, und Hesekiel war es, der dem stellungslos aus London heimkehrenden Fontane die Tür zur „Kreuz-Zeitung" öffnete. Beide saßen zehn Jahre in der Redaktion „dicht zusammen und nur durch einen schmalen Gang getrennt". Mit fünfzig beschloß der Jünger Epikurs, seine aus Rheinwein und Sherry zusammengeflossene Schuldenlast von 10.000 Talern abzuzahlen, indem er Romane am Fließband verfaßte.

Er schrieb auf Quartblätter, die aufgestapelt vor ihm lagen, und ließ das geschriebene Blatt mit einem kleinen Fingerknips auf die Erde fliegen; da sammelte dann seine Tochter Ludovica, damals noch ein Kind, die zahllosen Blätter und ordnete sie. Von Wiederdurchsehen war keine Rede, kein Wort war gestrichen, alles ging fertig in die Druckerei.

Der „Tüftler und Bastler" Fontane verdiente trotz größten Fleißes nur einen Bruchteil von dem, was Hesekiel in die Scheuer einfuhr, doch er tröstete sich: „Keiner dieser Romane hat sich bei Leben erhalten."

Als Hesekiel 1874 starb, trat Ludovica bei der „Kreuz-Zeitung" in seine Fußstapfen. Sie war erst 27 Jahre alt, doch ihr literarisches Urteil galt etwas in Insiderkreisen; deshalb war Fontane sehr daran gelegen, seinen ersten Roman „Vor dem Sturm" von ihr besprechen zu lassen. So erklärt sich die Bemerkung in dem Brief vom 4.6.1878 an Frau Emilie: „Am Donnerstag oder Freitag, wenn irgend möglich, will ich nach Potsdam (zu Hesekiels) [. . .]"

Lose gesellschaftliche Kontakte wurden immer gepflegt und „bei vorfallender Gelegenheit" intensiviert. Auch im April 1881, während seines Aufenthaltes im Pfarrhaus der Friedenskirche, wollte er die Damen besuchen, doch wie wir aus dem Brief an Mathilde von Rohr wissen (6.6.81), war die Zeit knapp . . . „selbst bei Hesekiels, bei denen ich nothwendig vorsprechen mußte, erschien ich erst 2 Stunden vor meiner Wiederabreise [. . .]"

Grund der „Nothwendigkeit": „Ellernklipp" war für Mai/Juni in „Westermanns Monatsheften" als Vorabdruck und für Oktober bei Hertz als Buch angekündigt. Fontane wollte Ludovica als Rezensentin gewinnen, was ihm auch – „nicht nur aus alter Anhänglichkeit" – gelang.

Pastor Windel

In den Jahren, in denen Fontane an den Kriegsbüchern arbeitete, war er ständig auf der Suche nach einem stillen Plätzchen, an dem er ungestört würde schreiben können. Er wünschte sich:

[…] ein liebenswürdiges Pfarrhaus, wo ich, wenn ich einträfe, eine freundliche Giebelstube fände und nach einer halbstündigen Begrüßung gleich an die Arbeit gehen könnte, das wär mein Ideal; aber wo dergleichen finden? Greift man nur ein weniges fehl, ist die Frau dumm oder prätentiös, werden Gäste geladen, die man ja gerade vermeiden will, sind die Bälge quarrig oder ungezogen oder rauchen die Oefen (was in unbenutzten ‚Fremdenstuben' fast immer der Fall ist), so ist man verloren und man hat mehr Schaden von der Sache als Vorteil. Viel hängt auch von der Arbeit ab, die man gerade vorhat; meine ‚Wanderungen' oder ein Romankapitel lassen sich in Cremmen oder Tremmen schreiben, aber Kriegsbücher nicht, weil ich beständig nachschlagen und eine ganze Bibliothek um mich her haben muß.

So schilderte er Mathilde von Rohr am 5. Januar 1872 seine Vorstellungen. Dobbertin, wo Fräulein von Rohr als Stiftsdame lebte, war ein idealer Ort, hatte nur einen Fehler: Er war zu weit von Berlin entfernt. Als Theaterkritiker der Vossischen Zeitung mußte Fontane jede Premiere und jedes besondere Gastspiel wahrnehmen und unverzüglich rezensieren. Er forcierte die Suche nach diesem stillen Plätzchen nicht, denn „bei mir müssen sich die Dinge immer finden", aber er sprach manchmal in Bekanntenkreisen davon.

So auch im Winter 1873 auf 1874; man traf sich im Hause des Geheimen Regierungsrates Karl Hermann von Wangenheim zu „Schopenhauer-Abenden" (jeden 2. Dienstag war jour fix), bei denen die verschiedensten religiösen und philosophischen Richtungen aufeinanderprallten. Das Faszinierende für Fontane war die in diesem Hause herrschende Toleranz Andersdenkenden gegenüber.

Er kannte die Familie seit langem; in der wirtschaftlich prekärsten Zeit hatte er die reizenden, klugen Töchter in Englisch und Geschichte unterrichtet, und Marie von Wangenheim, die streng katholische Frau des Freiherrn, hatte sich 1870, als Fontane unter Spionageverdacht in französische Gefangenschaft geraten war, beim Kardinal-Erzbischof Césaire Mathieu in Besançon für seine Freilassung eingesetzt. Fontane trug sich mit dem Gedanken, das Portrait dieser Familie in einen großen Berliner Gesellschaftsroman einzuarbeiten, den er „Allerlei Glück" nennen wollte. Doch es blieb bei dem Entwurf. (Später setzte er den Wangenheims in „Kritische Jahre – Kritiker-Jahre" ein liebenswertes Denkmal.)

Guter Freund des Hauses war der evangelische Pastor der Charité, Friedrich Adam Windel. 1879 wurde er von der Kaiserin Augusta als Hofprediger an die Friedenskirche in Potsdam berufen. Hier im Pfarrhaus schien das langgesuchte Fremdenstübchen gefunden – noch dazu am Rande von Sanssouci. Wie es ihm dort aber tatsächlich erging, beschrieb er im Juni 1881 seiner mütterlichen Freundin Mathilde von Rohr.

Es hatte natürlich Abhaltungen aller Art gegeben, Einladungen zu Gesellschaften „wo furchtbar viel Gräflichkeit und Christlichkeit versammelt war", aber er hatte doch aus allem „seinen Honig" gesogen. An einem dieser Abende lernte er den Hofprediger D. Friedrich Adolf Strauß und seine dreiunddreißig Jahre jüngere Gattin kennen. Zufällig traf man sich in Thale wieder, fand Gefallen aneinander und unternahm gemeinsam Partien in den Harz. Fontane arbeitete damals gerade an dem Entwurf zu „Cécile". Wesen und Erscheinung der kapriziösen, nervösen Hofpredigergattin halfen ihm, das Bild Céciles vor seinem geistigen Auge entstehen zu lassen. Und ihr Ausflug nach Quedlinburg weitete sich in dem Roman zu einem eigenen Kapitel aus. Er hatte „seinen Preis herausbekommen".

Die Friedenskirche bei Sanssouci
Stahlstich nach E. Biermann von Schulin

In der Woche nach Ostern 1881, die er im Pfarrhaus der Friedenskirche verbrachte, nahm er sich, wie das Tagebuch ausweist, noch einmal das Kapitel über die Hertefelds vor; so ist auch der Brief an den Grafen Philipp zu Eulenburg vom 23. April 1881 zu erklären, in dem er – unter anderem – seine berühmt gewordenen Bemerkungen über Bismarck äußerte. Er gab dabei nicht nur eigene Empfindungen, sondern auch Ansichten und Befindlichkeiten der dem Hofe nahestehenden Kreise wieder, die er bei Egloffsteins getroffen hatte.

Der Abend war für ihn, wie sich später herausstellen sollte, in vielerlei Hinsicht ergiebig. Unmittelbar nach diesem Potsdamer Aufenthalt schlug er nämlich dem Redakteur von „Westermanns Monatsheften" eine „politische Novelle" vor: „Storch von Adebar", die dann leider doch nicht geschrieben wurde. Doch einzelne typische Vertreter dieser Gesellschaft, die eine Karikatur ihrer selbst darstellten, tauchen in späteren Romanen auf oder „spuken hinter der Szene".

Fontane über P. Windel in „Kritische Jahre-Kritiker-Jahre":

Die interessanteste Figur habe ich noch nicht genannt. Das war der Hofprediger Windel, früher Charitéprediger, Königin Elisabeth, Königin Augusta, dann Hofprediger. Erste Bekanntschaft, als er noch in der Charité war. Schon damals die Königinnen, dann stieg sein Interesse: Er wurde Hofprediger an der Friedenskirche. Sein Charakter: Mischung von Strenggläubigkeit und Schopenhauer. Das zu vereinigen, war ein Kunststück. Ausführen, wie er's anfing. Es war mitunter glänzend, aber die letzte Meisterschaft fehlte. So klug er war, es fehlte doch ein Letztes an Klugheit, oder er hatte an die Zusammenschweißung doch nicht Zeit genug gesetzt, vielleicht weil er sich sagte: das nutzt mir alles nichts. Für die große Masse meiner Zuhörer reicht die Sache gerade aus, sie merken nichts und finden es fromm und geistreich zugleich, also eigentlich ein Ideal. Und die Höherpotenzierten [urspr.: die Frommen], die ganz scharf zusehen, die kann ich doch nicht zufriedenstellen, auch wenn ich mir die größte Mühe gebe, eine Art neuer Lehre oder ein bergpredigthaftes Christentum mit [der] Adresse ans „Volk" herzustellen.

43

Seine große Szene mit Pfannschmidt zog ihm doch eine Art Niederlage zu. Er nahm den Kampf auf in vollem Siegesmut, denn er war grenzenlos verwöhnt, gerade in diesem Kreise, in bestimmten Beziehungen noch viel mehr als ich. Er konnte sagen, was er wollte, je kühner [und] verwegener es war, je mehr freuten sich die Wangenheimschen Damen darüber, weil sie darin ein sicheres Zeichen sahen: „Das *muß* in Katholizismus enden" (und wer weiß, was gekommen wäre). Ich meinerseits sah das Gewagte [urspr.: Verwegene] der Sache staunend an, aber gerade diese Gewagtheit, wie beim Turmseil, hatte so was Anziehendes für mich, daß ich gar nicht daran dachte, mich kritisch dazu zu stellen; ich bewunderte nur den Mut und die Geschicklichkeit. Auf dem Heimwege sagte ich dann wohl: „Was doch alles gemacht werden kann!" Ich war ihm aber außerordentlich zugetan und hielt große Stücke von ihm. Alles war anders. Dies war es auch, was ihm bei den königlichen Damen seinen Erfolg durch Jahrzehnte gesichert hatte. Es war der Sieg des Aparten und Geistreichen. Er beherrschte den Kreis – aber einmal ging es ihm schlecht.

Das war an einem Abend, wo auch Professor Pfannschmidt geladen war. Außer der Wangenheimschen Familie selbst nur Windel, Pfannschmidt und ich. Er hatte gehört, daß Pfannschmidt ein „Frommer" und sehr beschlagen sei, was ihn aber bloß mit Heiterkeit erfüllt hatte, und kurz und gut, er orakelte wieder in seinem Schopenhauer-Stil los. Aber da kam er schlecht an. Erst gab es ein leichtes Geplänkel, dann schwieg Pfannschmidt, der in das Stadium der berühmten „Stille vor dem Sturm" eingetreten war. Mit einem Male aber nahm er das Wort und sagte: „Mir ist schon vieles vorgekommen, aber *das* nicht. Sie wollen ein christlicher Prediger sein. Nun, Sie mögen alles sein, aber gerade das Eine, was Sie sein sollten, sind Sie nicht." Windel gab eine spöttische Antwort, die ungefähr darauf hinauslief: „Mit Dummheit kämpfen Götter selbst vergebens". Aber er wetzte die Sache damit nicht aus – der Sieger des Abends blieb doch der gute Malprofessor. Dieser war ein guter ehrlicher Mann, auch ein guter Maler, aber von dem Vorwurf der Ledernheit und Langeweile wird er nicht freizusprechen sein.

Pastor Windel im Lichte der Dienstagsgesellschaft

Wenn ich Herrn Pastor W. in vielen seiner Auslassungen – die ihn mir, in ihrer grundsätzlichen Auflehnung gegen das bloß Herkömmliche und Patentierte so wert machen – recht verstehe, so steht er zu den christlich-heidnischen Konflikts- resp. Superioritätsfragen etwa wie folgt: er löst, kurz gesagt, die *Heilsfrage* von jeder andern, und das scheint mir das allein Richtige. Der nachlebende Masure oder Hinterpommer hat vor dem alten Griechen nur den einen riesigen Treffer voraus, daß er eben post Christum natum geboren, auf Christum getauft und dadurch, persönlich sehr unverdient, mit der Anwartschaft auf Heil und Erlösung ausgestattet wurde; – in allem übrigen aber bleibt er der, der er ist, und hat, selbst wenn er als Sergeant fungiert, keinen Anspruch darauf, dem Achilles oder, wenn er Landrat und Abgeordneter ist, dem Perikles vorgezogen zu werden. Pastor W. bestreitet, je nachdem laut oder leise, daß die Bildungs-, die Geschmacks-, die Kultur-Frage überhaupt etwas durch das Christentum Gefördertes, ja in seiner Echtheit erst Entstandenes sei, er bestreitet den Satz, daß schöne Menschlichkeit, wahre Humanität, ja selbst wahre Sittlichkeit erst von der Geburt des Heilands an datiere. Der Heiland brachte eben das Heil. C'est tout! Das Heil aber ist eine Jenseits-, nicht eine Diesseitsfrage.

aus Fontanes Tagebuch 1866-1882
FAP, Auszug von 1881

Pastor Windel an Theodor Fontane

Pyrmont, 18.7.82

Hochgeehrter Herr, lieber Freund!

Ihre liebenswürdigen Zeilen empfing ich just, als ich von meiner 14tägigen Berg-Reise aus Salzburg wiederkam, um nun hier im Elternhause den Schluß-Akt meines dolce far niente zu inszenieren. Daraus ersehen Sie allbereits, ob ich die Ehre und Freude haben kann, nun noch Ihr prince confort nach Norderney zu werden. Erlassen Sie mir die regrets meinerseits darob; aber glauben Sie, ich wäre „mannhaft" gern mit Ihnen dort gewesen!

Statt dessen haben mich nun die Salzburger Berge gehabt; dort habe ich mit Vorliebe in einem Kapuziner-Kloster zugebracht. Der Frieden jener Stätte, das Abgestorbensein der eitlen Welt gegenüber; und die vie intime in sich; die Religion des Träumens und der fromme, warme Traum der Religion – alles heimelte wieder mächtig an. – Dann habe ich die alte Kaiserstadt Wien wiedergesehen, und bin über Regensburg, Nürnberg, den Rhein, speziell Koblenz und Cöln, nach Pyrmont zurückgekehrt. Hier lebe ich still und hätte gern zu meiner Lektüre auch Ihre neue Novelle, die Sie noch an die See mitnehmen. Wird sie apart oder in einem Journal erscheinen? Von Gregorovius haben mich die „Grabdenkmäler der Päpste" als Reise-Unterhaltung sehr interessiert. Was ich über den Verfasser gestern durch Herrn von Thile aus Berlin, der auch hier Curgast ist, gehört, hat mich neugierig auf seine perönliche Bekanntschaft gemacht. Sie kennen ihn, glaube ich. Da Sie die „Herren Pastoren" sich als Wanderfreunde etwas erkoren, so erlaube ich mir, Ihnen an meinen guten Universitätsfreund Pastor Rodenbäck auf Norderney zu eventueller Geneigtheit einen herzlichen Gruß zu übergeben. Er ist gut gesonnener Ostfriese. Ihrer sehr verehrten Frau Gemahlin, durch welche vielleicht über Ihr Ergehen man mal was erfährt, bitte ich meine angelegentlichsten und herzlichsten Empfehlungen zu sagen. Und nun glückliche Reise! Ihr sehr ergebener

Dr. Windel.

an Philipp zu Eulenburg   Potsdam, d. 23. April 1881
                                 Pfarrhaus der Friedenskirche
Hochgeehrter Herr Graf.

Seit acht Tagen bin ich hier im Pfarrhaus der Friedenskirche und verlebe glückliche Tage [...] Das Friedenskirchenleben war aber, aller Friedlichkeit unerachtet, wenig still, und so wollte sich die rechte Stunde nicht finden lassen [...]

Gegen Bismarck braut sich allmählich im Volk ein Wetter zusammen. In der Oberschicht der Gesellschaft ist es bekanntlich lange da. Nicht seine Maßregeln sind es, die ihn geradezu ruinieren, sondern seine Verdächtigungen. Er täuscht sich über das Maß seiner Popularität. Sie war einmal kolossal, aber sie ist es nicht mehr. Es fallen täglich hunderte, mitunter tausende ab. Vor seinem Genie hat jeder nach wie vor einen ungeheuren Respekt, auch seine Feinde, ja diese mitunter am meisten. Aber die Hochachtung vor seinem Charakter ist in einem starken Niedergehn. Was ihn einst so populär machte, war das in jedem lebende Gefühl: ‚Ah, ein großer Mann.' Aber von diesem Gefühl ist nicht mehr viel übrig, und die Menschen sagen: „Er ist ein großes Genie, aber ein kleiner Mann."

an Mathilde von Rohr

                                 Berlin 6. Juni 81. Potsd.Str. 134c.
Mein gnädigstes Fräulein.

... Der ganze Potsdamer Aufenthalt war kürzer und namentlich unruhiger als gewünscht. Ich traf Oster-Montag am Abend ein und reiste Sonnabend Nachmittag wieder ab. Ergibt nur 4 Tage. Und wie vergingen die? Gleich am Dienstag Nachmittag mußt' ich nach Berlin ins Theater und da das neue Stück *sehr* lange spielte, war ich erst um Mitternacht wieder in der Friedenskirche. Am Mittwoch hatte ich dann die Kritik zu schreiben, was bis 6 dauerte, um welche Zeit Friedel schon im Nebenzimmer wartete und nun holter die polter aufbrach, um die Kritik noch rechtzeitig auf die Vossische Zeitung zu schaffen. Am Freitag kamen Wangenheims, meine Frau und Martha (die gerade in Berlin war) auf Besuch und nahmen wieder einen Tag fort, so daß ich, außer den sehr gemüthlichen Abendspaziergängen in Marly-Garten und Sanssouci, nur den Donnerstag zur Verfügung gehabt habe. An einem Abend, ich weiß nicht mehr an welchem, waren wir bei Graf Egloffsteins, wo furchtbar viel Gräflichkeit und Christlichkeit versammelt war. Es ging noch ganz leidlich ab, und eine alte Gräfin Dohna, ferner eine Frau v. Burgsdorff gefielen mir ganz gut, trotzalledem mache ich dergleichen höchst ungern mit. Es ist reine Zeitvergeudung. Wie's in solchem Zirkel überhaupt aussieht, das weiß ich, und im *Besonderen* lernt man herzlich wenig dazu. Führen mich bestimmte literarische Zwecke in solche Häuser, so nehm ich das Unbequeme nicht bloß geduldig mit in den Kauf, so fühl' ich es auch gar nicht; die stündliche Wahrnehmung, daß ich *das* erreiche, was ich erreichen will, erhält mich bei guter Laune. Ich kriege, wie die Berliner sagen, ‚meinen Preis heraus'. Fehlen diese Zwecke aber, so krieg ich ihn *nicht* heraus und aergre mich meine Zeit so nutzlos veranlagt zu haben [...]

an Gustav Karpeles   Thale a.H. 24. Juni 81
                             Hôtel Zehnpfund

[...] Es handelt sich um eine *politische* Novelle, etwas ganz Neues und Eigenartiges, das einigermaßen an den Adelheid v. Mühler-Stoff erinnert, den wir mal durchgesprochen haben; weicht aber auch wieder ab, ist viel reicher in den Figuren und vermeidet die Briefform. Der Titel soll sein: *Storch von Adebar*, und die Tendenz geht dahin, den *pietistischen* Conservatismus, den Fr. W. IV. aufbrachte und der sich bis 1866 hielt, in Einzel-Exemplaren (Potsdam) auch *noch* vorhanden ist, in seiner Unächtheit, Unbrauchbarkeit und Schädlichkeit zu zeichnen. Die Hauptträgerin dieses Conservatismus ist die „Störchin" und ihr eigentlichstes Opfer ihr Gatte, der alte Storch, ein guter, kreuzbraver Kerl, der, in andren Zeiten und unter andrem Einfluß, sich und andern zur Freude gelebt hätte und nun an dem Widerstreit seiner Natur und des ihm Eingeimpften tragikomisch zu Grunde geht. Ich habe all diese Dinge erlebt, diese Figuren gesehn, und freue mich darauf, sie künstlerisch gestalten zu können. Die Gegenfigur zu Storch ist Graf Attinghaus, sein Gutsnachbar und vieljähriger Freund, ein idealisierter Bennigsen. Wie denken Sie darüber? [...]

Zeichnung von P. Meyerheim

Adolph Menzel

Adolph Menzel, mit dem ‚Tunnel'-Namen Rubens, war einer der treuesten des Rütli-Kreises und einer der wenigen, denen Fontane bis an sein Lebensende uneingeschränkte Sympathie und Bewunderung zollte. Was er an ihm besonders schätzte: Er redete nie unnützes Zeug, arbeitete mit unglaublicher Konzentration und zauberte mit über Jahrzehnte währender Kontinuität das Bild des friderizianischen Zeitalter par excellence in die Vorstellungswelt seiner Zeitgenossen. Zu Menzels 70. Geburtstag wollte der Dichter dem Malerfreund auf besondere Weise seine Huldigung darbringen.

Er beschwor noch einmal den genius loci von Sanssouci herauf, dem er bei seinen abendlichen Spaziergängen vom Pfarrhaus der Friedenskirche aus so nahe gewesen, malte ein geisterhaftes Bild, subtile Stimmungen – „durchsichtige, wie Schatten nur von Schatten" – in denen sich zwei Jahrhunderte berührten; eingewoben, aber unübersehbar, das unterschiedliche Gewicht und Ansehen der Dichtkunst und der Malerei ... Ein poetischer Einfall, drei Wochen „Pusselarbeit", ein glänzender Erfolg. („Am entzücktesten der Kronprinz [...] der [...] es seiner Frau 2 mal beim Frühstück vorgelesen [...]") Nur der Gefeierte selbst reagierte nicht, raffte sich erst 10 oder 11 Tage später zu einer Geste des Dankes auf. Irgend etwas hatte ihn verschnupft, vielleicht die Zeile: „Ein Jahrer zehne will ich gern noch warten"?

Jedenfalls endete, was so vielversprechend begann und über die Lebzeiten hinaus Gültigkeit behalten sollte, zunächst mit allseitiger Verstimmung, die zum Glück nicht allzulange anhielt.

Zeichnung von Adolph Menzel

Auf der Treppe von Sanssouci
7./8. Dezember 1885
(Zu Menzels 70. Geburtstag)

Von Marly kommend und der Friedenskirche,
Hin am Bassin (es plätscherte kein Springstrahl)
Stieg ich treppan; die Sterne blinkten, blitzten,
Und auf den Stufen-Aufbau der Terrasse
Warf Baum und Strauchwerk seine dünnen Schatten,
Durchsichtige, wie Schatten nur von Schatten.
Rings tiefe Stille, selbst der Wache Schritt
Blieb lautlos auf dem überreiften Boden,
Und nur von rechts her, von der Stadt herüber,
Erscholl das Glockenspiel.
                Nun schwieg auch *das*,

Und als mein Auge, das auf kurze Weile
Dem Ohr gefolgt war, wieder vorwärts blickte,
Trat aus dem Buschwerk, und ich schrak zusammen,
Er selbst, im Frackrock, hinter ihm das Windspiel
(Biche, wenn nicht alles täuschte), dazu Krückstock
Und Hut und Stern. Bei Gott, es war der König.

Was tun? Ich dacht an Umkehr; doch sein Auge,
Das *Fritzen*-Auge bannte mich zur Stelle;
So hielt ich denn und machte Front.
                „Wie heißt Er?"

Ich stotterte was hin.
                    „Und sein Metier?"
„Schriftsteller, Majestät. Ich mache Verse!"

Der König lächelte: „Nun hör Er, Herr,
Ich will's Ihm glauben; keiner ist der Tor,
Sich dieses Zeichens ohne Not zu rühmen,
Dergleichen sagt nur, wer es sagen muß,
Der Spott ist sicher, zweifelhaft das andre.
Poëte allemand! Ja, Ja, Berlin wird Weltstadt.
Nun aber sag Er mir, ich les da täglich
(Verzeih Er, aber Federvieh und Borste
Wohnt auf demselben Hof und hält Gemeinschaft),
Ich les da täglich jetzt in den Gazetten
Von Menzelfest und siebzigstem Geburtstag,
Ausstellung von Tableaux und von Peintüren
Und ähnlichem. Ein großer Lärm. Eh bien, Herr,
Was soll das? Kennt Er Menzel? Wer ist Menzel?"

Und dabei flog ein Zug um seinen Mund,
Als wiss' er selber Antwort auf die Frage.

„Zu Gnaden, Majestät", begann ich zögernd,
„Die Frag ist schwer, das ist ein Doktorthema;
Mein Wissen reicht bis Pierer nur und Brockhaus.
Ja, wer ist Menzel? Menzel ist sehr vieles,
Um nicht zu sagen alles; mindstens ist er
Die ganze Arche Noäh, Tier und Menschen:
Putthühner, Gänse, Papagein und Enten,
Schwerin und Seydlitz, Leopold von Dessau,
Der alte Zieten, Ammen, Schlosserjungen,
Kathol'sche Kirchen, italien'sche Plätze,
Schuhschnallen, Bronzen, Walz- und Eisenwerke,
Stadträte mit und ohne goldne Kette,
Minister, mißgestimmt in Kaschmirhosen,
Straußfedern, Hofball, Hummer-Majonnaise,

Friedrich II.
Zeichnung von Adolph Menzel

Der Kaiser, Moltke, Gräfin Hacke, Bismarck –"
„Outrier' Er nicht."
                    „Ich spreche nur die Wahrheit.
Bescheidne Wahrheit nur. Er durchstudierte
Die groß und kleine Welt; was kreucht und fleucht,
Er gibt es uns im Spiegelbilde wieder.
Am liebsten aber (und mir schwoll der Kamm,
Ich war im Gang, ‚jetzt oder niemals' dacht ich),

Am liebsten aber gibt *die* Welt er wieder,
Die *Fritzen*-Welt, auf der wir just hier stehn!
Im Rundsaal, vom Plafond her, strahlt der Lustre,
Siebartig golden blinkt der Stühle Flechtwerk,
Biche (‚komm, mein Bichechen') streift die Tischtuch-Ecke,
Champagner perlt und auf der Meißner Schale
Liegt, schon zerpflückt, die Pontac-Apfelsine . . ."

„Nun laß Er nur. Ich weiß schon."
                                        Und er lüpfte
Den Hut und ging. Doch sieh, nur wenig Schritte,
So hielt er wieder, wandte sich und winkte
Mich an die Seit ihm. „Hör Er, Herr; ein Wort noch:
Er hat bestanden; so lala. Denn wiss' Er,
Ich kenne Menzel wie mich selbst und wär ihm
Erkenntlich gern. Emaille-Uhr? Tabatière?
Vielleicht ein Solitaire? Was macht ihm Spaß wohl?"
„Ach, Majestät, was soll ihm Freude machen?

Er hat vollauf von Gütern dieser Erde,
Hat Ansehn, Ehre, Titel, Ordenskreuze
(Pour le mérite, natürlich Friedensklasse),
Hat Freunde, Mut und Glück, und was die Hauptsach,
Hat seine Kunst . . ."
                        „Und fehlt ihm nichts?"
                                        „Rein gar nichts."
„Na, das ist brav. Comme philosophe! Das lob ich
Und will nicht stören. Aber *eines* sagt ihm:
Ich lüd ihn ein (er mag die Zeit bestimmen,
Ein Jahrer zehne will ich gern noch warten),
Ich lüd ihn ein nach Sanssouci; sie nennen's
Elysium droben, doch es ist dasselbe.
Dort findet er alte Freunde: Genral Stille,
Graf Rothenburg, die ganze Tafelrunde,
Nur Herr von Voltaire fehlt seit Anno 70;
Franzose, rapplig. *Dieser* Platz ist frei.
Den reservier ich ihm. Bestell Er's. Hört Er?

Ich bin sein gnäd'ger König. Serviteur!"

Die Gruft Friedrichs II. in Sanssouci. *Zeichnung von Adoph Menzel*

Jagdschloß Stern

Wer über Potsdam schreiben will, kommt am Soldatenkönig nicht vorbei. Er ließ dreimal die Stadtmauern erweitern, und 1000 Bürgerhäuser errichten, um in deren Giebelstuben „die lieben Langen Kerls" unterzubringen. Er schaffte mit Brachialgewalt Ordnung in der Verwaltung und in den zerrütteten Finanzen. Er schuf das Fundament, auf dem sein Sohn handeln und den Ruhm Preußens begründen konnte.

Doch bei allem Respekt für diesen König, er war „in Trachten und Dichten nie mein Mann" ... So heißt es in dem Gedicht „Ein letzter Wille", das Fontane 1847 im Tunnel vortrug und das mit Pauken und Trompeten durchfiel. Es sind nicht mehr oder nicht weniger die in Verse gebrachten, tatsächlich erfolgten letzten Befehle des Königs, wie man ihn betten, kleiden, obduzieren und was man danach trinken solle:

> „Und wenn mir argem Sünder
> Die Orgel dann ertönt,
> Durch Vierundzwanzigpfünder
> Sei die Musik verschönt [...]"

Er verstand zu sterben, wie er gelebt hatte: ohne Umschweife, ohne Fisimatenten. À la bonheur! Aber – verstand er zu leben? Diese Frage schwingt bei Fontane immer mit, wenn Friedrich Wilhelm I. – selten genug – auftaucht. Im Wusterhausen-Kapitel der „Wanderungen" zitiert er überwiegend die (horriblen) Erinnerungen der feinsinnigen Wilhelmine und schließt: „Ein prächtiger Platz für einen Weidmann und eine starke Natur, aber freilich ein schlimmer Platz für ästhetischen Sinn und einen weiblichen esprit forte."

Und auch bei dem folgenden Kapitel über das Jagdschloß Stern ist das große ABER unüberhörbar ...

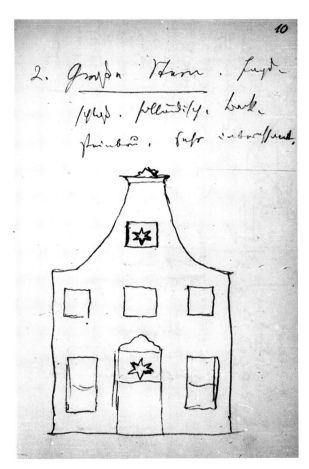

Jagdschloß Stern
Fontane Notizbuch, SBB-PK/FAP, NB, A15, S. 10

Von Kohlhasenbrück aus schlagen wir die eine südliche Richtung ein, schlängeln uns auf Fußpfaden durch ein wohlgepflegtes Gehölz und treten dann in eine Lichtung, von der aus wir strahlenförmig die Gestelle sich durch den Wald ziehen sehen. Diese Lichtung heißt der *Stern*; inmitten desselben, von einigen Akazien umstanden, ein Jagdschloß gleiches Namens.

Auch hier historischer Grund und Boden, aber jüngeren Datums und ohne jeden Anflug von Sagendämmer, der über der alten Kohlhasstätte ruht. Hier ist alles licht, faßbar, real mit jenem Prosabeigeschmack, den alles hat, was unter den vielgeschäftigen, rastlos gestaltenden Händen des Soldatenkönigs entstand. Aber noch eines charakterisierte seine Art: die propreté, und Jagdschloß Stern hat bis diese Stunde jenes Sauberkeitsgepräge, das Friedrich Wilhelm I. allen seinen Schöpfungen zu geben liebte.

Jagdschloß Stern ist ein holländischer Bau, quadratisch in rotem Backstein aufgeführt, mit einem Giebel in Front, einem Jagdhorn über der Tür, und einem eingeätzten Stern im Mittelfenster. Es besteht nur aus einem Eßsaal, einer Küche und einem Schlafzimmer, drei Räume, die ihre Einrichtung und ihren Charakter bis auf diese Stunde beibehalten haben. Der Eßsaal mit den abgestoßenen Geweihen des ‚großen Hans‘ (der es bis zum Achtundzwanzigender brachte) ist paneeliert und über den Paneelen der einen Längswand hin mit den Jagdstücken irgendeines Leygrebe oder sonstigen Hofkünstlers geschmückt – eine Hirschhetze, eine Eber- und Entenjagd.

Welch tiefer und plötzlicher Verfall der Kunst spricht aus diesen Blättern, wenn man sie mit jenen Hunderten von Tableaux und Deckengemälden vergleicht, wie sie dreißig und selbst noch zwanzig Jahre früher unter dem ersten Könige und während der letzten Regierungsjahre des Großen Kurfürsten in den brandenburgischen Schlössern gemalt wurden! Damals, wie äußerlich die Dinge auch bleiben mochten, brachte jede zwischen Amoretten ausgespannte Rosengirlande, jede symbolische Figur, ob sie sich Europa oder Borussia nannte, die brillante Technik der niederländischen Schule zur Erscheinung, und nun, von jener Epoche virtuosenhafter Technik, gefälliger Form, sinnlicher Farbe war man wie durch eine Kluft geschieden, ohne das irgend etwas anderes sich ereignet hätte als ein Thronwechsel. Jenseits lag die Kunst, diesseits die Barbarei.

Aus dem Eßsaal, nach kurzem Verweilen, treten wir in die Küche, aus dieser in das Schlafzimmer des Königs, dessen eine Seite ein riesiger Wandschrank einzunehmen schien. Aber nur die beiden Flanken dieses Holzbaues waren wirkliche Schränke, das Mittelstück, eine überwölbte Bettlade, ein dunkler, nach vorne zu geöffneter Kasten, erinnerte an die Lagerstätten einer alten Schiffskajüte. War diese Höhle an und für sich unheimlich genug, so wurde sie's in jedem Augenblicke mehr durch zwei große, feurige Augen, die uns daraus ansahen. Endlich löste sich der Spuk; unmittelbar an unseren Häuptern vorbei mit schwerem Fügelschlag flog eine Eule, die der Förster vom Jagdschloß Stern in der Bettsponde des Königs einlogiert hatte.

Dieser selber hätte uns nicht großäugiger und nicht bedrohlicher ansehen können als der Gast, der hier an seiner Stelle eingezogen war.

Das nachstehende Kapitel ist das einzige in den „Wanderungen", das in Potsdam spielt, und zwar „in der Nähe des Stadtschlosses, unmittelbar hinter der Eisenbahnbrücke, am Ende des Lustgartens [. . .]" Ganz in der Nähe haben die Havelschwäne noch heute ihren bevorzugten Rendezvous-Platz. Kein Potsdam-Besucher kann sich ihrem Zauber entziehen, zumal der Weg vom Bahnhof ins Stadtinnere über die Havelbrücke führt. Wie majestätisch gleiten sie über das Blau des Wassers, – und wie plebejisch gehen sie aufeinander los, wenn es Futter gibt . . .

Auch Fontane dürfte diesen Anblick genossen haben; die weiterreichenden Informationen entnahm er einem Vortrag Louis Schneiders aus den Mitteilungen des Verein für die Geschichte Potsdams.

Die Havelschwäne

> Da geht's an ein Picken,
> An ein Schlürfen, an ein Hacken;
> Sie stürzen einander über die Nacken,
> Schieben sich, drängen sich, reißen sich,
> Jagen sich, ängstigen sich, beißen sich,
> Und das all' um ein Stückchen Brot.
> *„Lilis Park"*

Die Havel, um es noch einmal zu sagen, ist ein aparter Fluß; man könnte ihn seiner Form nach den norddeutschen oder den Flachlands-Neckar nennen. Er beschreibt einen Halbkreis, kommt von Norden und geht schließlich wieder gen Norden, und wer sich aus Kindertagen jener primitiven Schaukeln entsinnt, die aus einem Strick zwischen zwei Apfelbäumen bestanden, der hat die geschwungene Linie vor sich, in der sich die Havel auf unseren Karten präsentiert. Das Blau ihres Wassers und ihre zahllosen Buchten (sie ist tatsächlich eine Aneinanderreihung von Seen) machen sie in ihrer Art zu einem Unikum. Das Stückchen Erde, das sie umspannt, eben unser Havelland, ist, wie ich in den voraufgehenden Kapiteln gezeigt habe, die Stätte ältester Kultur in diesen Landen. hier entstanden, hart am Ufer des Flusses hin, die alten Bistümer Brandenburg und Havelberg. Und wie die älteste Kultur hier geboren wurde, so auch die neueste. Von Potsdam aus wurde Preußen aufgebaut, von Sanssouci aus durchleuchtet. Die Havel darf sich einreihen in die Zahl deutscher Kulturströme.

Aber nicht von ihren Großtaten gedenke ich heute zu erzählen, nur von einer ihrer Zierden, von den *Schwänen*.

Diese Schwäne sind auf dem ganzen Mittellauf der Havel zu Hause. Die zahlreichen großen Wasserbecken, die sich hier finden: der Tegler See, der Wannsee, der Schwielow, die Schlänitz, die Wublitz, sind ihre Lieblingsplätze. Ihre Gesamtzahl beträgt 2000. In früheren Jahren war es nicht möglich, diese hohe Zahl zu erreichen. Während der Franzosenzeit waren sie, als ein bequemes Jagdobjekt, zu Hunderten getötet worden; später wurden die großstädtischen Eiersammler ihrer Vermehrung gefährlich. Erst die Festsetzung strenger Strafen machte diesem Übelstande ein Ende. Seitdem ist ihre Zahl in einem steten Wachsen begriffen. Wie mächtige weiße Blumen blühen sie über die blaue Fläche hin; ein Bild stolzer Freiheit.

Die 2000 Schwäne zerfallen in Schwäne der Ober- und Unterhavel; das Gebiet der einen reicht von Tegel bis Potsdam, das der andern von Potsdam bis Brandenburg. Die Glienicker Brücke zieht die Grenze. Die Schwäne der oberen Havel stehen unter der Herrschaft der Spandauer, die Schwäne der unteren Havel unter der der Potsdamer Fischer. Man könnte dies die Einteilung der „Provinz Havelschwan" in zwei Regierungsbezirke nennen. Diese großen Bezirke aber zerfallen wieder in ebenso viele Kreise, als es Haveldörfer gibt, besonders auf der Strecke von Potsdam bis Brandenburg. Die Uetzer Fischer beherrschen die Wublitz, die Marquardter Fischer den Schlänitz-See, die Fischer von Caputh den Schwielow usw. Auf der Unterhavel allein befinden sich gewiß zwanzig solcher Arrondissements, alle mit gewissen Rechten und Pflichten ausgerüstet, aber alle den beiden Hauptstädten dienstbar, alle in Abhängigkeit von Potsdam und Spandau.

Wir wenden uns nun dem Sommerfang der Schwäne zu. Er erfolgt zweimal und hat den doppelten Zweck: den Jungschwan zu lähmen und den Altschwan zu rupfen. Über die Lähmung ist nicht viel zu sagen; ein Flügelglied wird weggeschnitten, damit ist es getan. – Desto komplizierter ist der Prozeß des Rupfens. Er geschieht an zwei verschiedenen Stellen. Die Schwäne der Oberhavel werden auf dem Pichelswerder, die Schwäne der Unterhavel auf dem „Depothof" bei Potsdam gerupft. Das Verfahren ist an beiden Orten dasselbe. Wir geben es, wie wir es auf dem Depothof sahen.

Der „Schwanenmeister", Gesamtbeherrscher des ganzen Volkes cygnus zwischen Tegel und Brandenburg, gibt die Ordre: „Am 20. Mai (der Tag wechselt) wird gerupft." Nun beginnt das Einfangen. Die Fischer der verschiedenen Haveldörfer machen sich auf, treiben die auf ihrem Revier schwimmenden Schwäne in eine Bucht oder Ecke zusammen, fahren dann mit einem zehn Fuß langen Hakenstock in die Schwanenmassen hinein, legen den Haken, der wie bei dem Schäferstock eine halboffene Öse bildet, geschickt um den Hals des Schwanes, ziehen ihn heran und in ihr Fahrzeug hinein. Dies geschieht mit großer Schnelligkeit, so daß binnen ganz kurzer Zeit das Boot mit dicht nebeneinander hockenden Schwänen besetzt ist, und zwar derart, daß die langen Hälse der Schwäne, über die Bootkante fort, nach außen blicken. Ein sehr eigentümlicher, grotesker Anblick.

In dieser Ausrüstung treffen nun die Boote aus wenigstens zwanzig Dörfern auf dem Depothof ein und liefern ihre Schwanenfracht in die dort befindlichen Hürden ab, von wo sie nach und nach zur Rupfbank geschleppt werden [. . .]

Nach Beendigung der Prozedur aber nimmt der Schwanenknecht den Schwan wieder in seinen Arm, trägt ihn zurück und wirft ihn mit Macht in die Havel. Der Schwan taucht nieder und segelt nun mit aller Gewalt quer über den Fluß, um seinen Quälern zu entfliehen. Bald aber friert ihn, und zunächst sonnige Ufer- und Inselstellen aufsuchend, eilt er erst den zweiten oder dritten Tag wieder seinen Heimatplätzen im Schwielow oder Schlänitz zu.

Einen ganz anderen Zweck, wie schon angedeutet, verfolgt das Einfangen im Winter, wenn die Havel zugeht. Die schönen Tiere würden im Eise umkommen. Sie werden also abermals zusammengetrieben und eingesammelt, um an solche Havelstellen gebracht zu werden, die nie zufrieren oder doch fast nie zufrieren. Der Prozeß des Einfangens ist derselbe wie im Sommer, aber nicht der Transport an die eisfreien Stellen, welche letzteren sich glücklicherweise bei Potsdam selbst, fast mitten in der Stadt, befinden. Die Überführung in Booten ist jetzt unmöglich, da schon ganze Partien des Flusses durch Eis geschlossen sind; so treffen sie denn in allerhand Gefährt, in Bauer- und Möbelwagen, selbst in Eisenbahnwaggons, in ihrem Potsdamer Winterhafen ein.

Sie haben nun wieder sicheres Wasser unter den Füßen, die Gefahr des Erfrierens ist beseitigt, aber die Gefahr des Verhungerns – 2000 Schwäne auf allerkleinstem Terrain – würde jetzt um so drohender an sie herantreten, wenn nicht durch Fütterung für sie gesorgt würde. Diese erfolgt in den Wintermonaten täglich zweimal, morgens um acht und nachmittags um drei Uhr, immer an derselben Stelle, und zwar in der Nähe des Stadtschlosses.

Unmittelbar hinter der Eisenbahnbrücke, am Ende des Lustgartens, ist eine Stelle, welche wegen des starken Stromes nur selten zufriert. Diese ist Rendezvous [. . .]

Täglich werden auf diese Weise drei Scheffel Gerste verfüttert. Vergleicht man indessen das Volumen all dieser herzudrängenden Schwäne mit den anderthalb Scheffeln, die ihnen morgens und ebensoviel nachmittags zugeworfen werden, so begreift man, daß die Tiere beim Weggehen ihres Pflegers noch ziemlich ebenso lange Hälse machen wie beim Kommen. Eine Zeitlang verweilen sie noch; erst wenn sie

Gewißheit haben, daß alles Warten nicht mehr fruchtet, schwimmen sie langsam fort. Zurück bleiben nur noch die Kranken, die jetzt einen Versuch machen, eine kümmerliche Nachlese zu halten und die letzten Körnchen zu entdecken.

Zu der Havelschönheit tragen die Schwäne ein sehr Erhebliches bei. Sie geben dem Strom auf seiner breiten Fläche eine königliche Pracht, und eine schönere Einfassung aller dieser Schlösser und Residenzen ist kaum denkbar. In neuerer Zeit hat man diesen Zauber dadurch noch gesteigert, daß man, durch Unterlassung der Flügellähmung, den Wildschwan wiederhergestellt hat. Man wurde dazu durch verschiedene Rücksichten bestimmt. Das Nächstbestimmende war die größere Schönheit des wilden Schwans; er ziert die Fläche mehr, die er durchschwimmt, und sein Flug durch die Luft, den er wenigstens gelegentlich macht, gewährt einen imposanten Anblick.

Was aber mehr als diese Schönheitsrücksicht den Ausschlag gab, war der Wunsch, einen neuen jagdbaren Vogel, einen neuen Sport zu schaffen. Es werden jetzt von Zeit zu Zeit Wildschwanenjagden abgehalten [...]

Die Schwäne der Havel bilden auch einen Versandartikel. Viele, von näher gelegenen Punkten zu schweigen, gehen bis Petersburg und nach den großen Städten der Union. Mannigfach sind die Versuche, ihn auch an andern Stellen einzubürgern. Es mag indessen lange dauern, ehe der Havelschwan übertroffen wird.

Der Limfjord, auf jenen weiten Wasserbassins, wo Tausende von Möven wie weiße Nymphäen schwimmen, bietet ein ähnliches Bild. Aber doch nur ein ähnliches. Die Möve ist eben kein Schwan.

Noch ist die Havel mit ihren 2000 Schwänen unerreicht.

Das Schwanenrupfen am Schildhorn an der Havel. *Zeichnung von C. Rechlin*

Pfaueninsel, Schloß
Zeichnung von Wilhelm Thiele

Die Pfaueninsel
(1872)

Die Pfaueninsel bis 1685

Pfaueninsel! Wie ein Märchen steigt ein Bild aus meinen Kindertagen vor mir auf: ein Schloß, Palmen und Känguruhs; Papageien kreischen; Pfauen sitzen auf hoher Stange oder schlagen ein Rad, Volièren, Springbrunnen, überschattete Wiesen; Schlängelpfade, die überall hinführen und nirgends; ein rätselvolles Eiland, eine Oase, ein Blumenteppich inmitten der Mark.

Aber so war es nicht immer hier. All das zählt erst nach Jahrzehnten, und noch zu Ende der neunziger Jahre war diese Havelinsel eine bloße romantische Wildnis, die sich aus Eichen, Unterholz und allerhand Schlinggewächs zusammensetzte. An manchen Stellen urwaldartig, undurchdringlich. Um das ganze 2000 Schritt lange und über 500 Schritt breite Eiland zog sich ein Gürtel von Uferschilf, darin wildes Geflügel zu Tausenden nistete. Dann und wann, wenn im Grunewald die Jagd tobte, schwamm ein geängsteter Hirsch über die Schmalung an der Südwestspitze und suchte Schutz bei der Einsamkeit der Insel.

So war es unter den Joachims, auch noch unter dem Großen Kurfürsten. Wer nicht ein Jäger war oder das Schilf am Ufer schnitt, der wußte kaum von einer solchen Insel im Havelstrom, die durch alle Jahrhunderte hin namenlos geblieben war.

Erst 1683, also während der letzten Jahre des Großen Kurfürsten, trat die namenlose Insel, die inzwischen ein „Kaninchengehege" empfangen hatte, als *Kaninchenwerder* in die Geschichte ein, freilich ohne dadurch irgend etwas anders als einen Namen gewonnen zu haben. Das Eiland blieb vielmehr bis zu der eingangs erwähnten Zeit eine absolute Wildnis, an deren Bestand auch ein der Kaninchenherrschaft unmittelbar folgendes Prospero-Zwischenspiel nicht das geringste zu ändern vermochte. Im Gegenteil, zu dem Wilden gesellte sich noch das Grusliche, ohne daß von einem Caliban berichtet wird.

Der Prospero war Johann Kunckel, der Alchimist. Er erhielt die Insel 1685 aus der Hand des Kurfürsten. Bei diesem Zeitabschnitt verweilen wir zunächst.

Die Pfaueninsel von 1685 bis 1692
Johann Kunckel

Johann Kunckel, zu Hütten bei Rendsburg, und zwar wahrscheinlich 1630, geboren, hatte sich von Jugend auf der Alchemie befleißigt, den Stein der Weisen gesucht, den *Phospor* entdeckt und war 1677 in kursächsische Dienste getreten, wo ihm das für damalige Zeit außerordentlich hohe Gehalt von 1000 Talern, nebst Vergütung für alle Materialien, Instrumente, Gläser und Kohlen, zugesagt worden war. Er erhielt aber schließlich diese Summe nicht ausgezahlt und auf seine desfallsige Beschwerde einfach den Bescheid: „Kann Kunckel Gold machen, so bedarf er kein Geld; kann er solches aber nicht, warum sollte man ihm Geld geben?"

Die Verlegenheiten, die ihm daraus erwuchsen, veranlaßten ihn, einen Ruf an den brandenburgischen Hof anzunehmen, freilich unter bescheideneren Bedingungen, die aber das Gute hatten, daß sie gehalten wurden. Der Große Kurfürst sagte ihm in einer ersten Unterredung, in der diese Dinge zur Sprache kamen: „Ich kann Euch 1000 Taler nicht geben, denn ich gebe meinen Geheimen Räten nicht mehr; um keine Jalousie zu machen, so will ich Euch geben, was ich meinen Geheimen Kammerdienern gebe." So erhielt Kunckel ein Jahresgehalt von 500 Talern. Er nahm erst die Drewitzer Glashütte in Pacht, wurde dann Compagnon der Glashütte auf dem Hakendamm bei Potsdam, erfand hier das *Rubinglas*, das zu schönen Pokalen verarbeitet wurde, und erhielt endlich, da es ihm um ein möglichst abgelegenes, schwer zugängliches Plätzchen für seine Arbeiten zu tun war, in dem schon genannten Jahre 1685 den ganzen Kaninchenwerder (Pfaueninsel) zum Geschenk. Die Schenkungsurkunde besagte, daß ihm, unter Befreiung von allen Abgaben, die ganze Insel erb- und eigentümlich übereignet, das Recht des freien Brauens, Backens und Branntweinbrennens zuerkannt und der Bau einer *Windmühle* gestattet werden solle, „damit seine Leute nicht gezwungen seien, des Backens und Brauens, des Mahlens und Schrotens halber, die Insel zu verlassen". Gleichzeitig wurde er in seiner Rubinglas-

Fabrikation durch ein Privilegium geschützt, wogegen er es übernahm, „alljährlich für fünfzig Taler Kristallgläser an die Kurfürstliche Kellerei abzuliefern und seine Glaskorallen nur an die Guineasche Compagnie zu verkaufen".

Der große Kurfürst bei Johann Kunckel
Zeichnung von Edmund Schäfer

Die Errichtung der Glashütte erfolgte bald darauf an der nordöstlichen Seite der Insel dicht am Ufer. Er erbaute besondere Öfen, um die beste Art der Kondensierung des Feuers zu ermitteln; kein Fremder durfte die Insel betreten, nur der Kurfürst besuchte ihn wiederholt, um die Anlage des Ganzen sowie den Kunstbetrieb kennenzulernen. Dabei wurde, über die Glasfabrikation hinaus, viel experimentiert,

Worauf diese Bemühungen gerichtet waren, ist nicht mit Sicherheit festzustellen. Daß es sich um Goldmachekunst und Entdeckung des Steins der Weisen gehandelt habe, ist sehr unwahrscheinlich. Nachweisbar verhielt sich Kunckel gegen solche Versuche, wenigstens wenn sie von andern ausgingen, sehr ablehnend.

So entzog ihm denn auch der Große Kurfürst nie seine Gnade, wiewohl die Erfolglosigkeit, auch die wissenschaftliche, aller der damals unternommenen Experimente so ziemlich feststeht. Friedrich Wilhelm rechnete, wie Kunckel ihn selbst sagen läßt, die daran gewendeten Summen zu solchen, die er verspielt oder im Feuerwerk verpufft habe. Da er jetzt weniger spiele, so dürfe er das dadurch Gesparte an Forschungen in der Wissenschaft setzen.

Mit dem Hinscheiden des Kurfürsten schied aber auch Kunckels Ansehen, wenigstens innerhalb der Mark Brandenburg. Man machte ihm den Prozeß auf Veruntreuung und Unterschleif, und wenn auch nichts bewiesen werden konnte, weil eben nichts zu beweisen *war**, so mochte er dennoch von Glück sagen, durch eine Aufforderung König Karls XI. von Schweden seiner alten Umgebung entrissen zu werden. Dies war 1692. Er ging nach Stockholm, wurde schwedischer Bergrat und unter dem Namen Kunckel von Löwenstern in den Adelsstand erhoben. Er starb wahrscheinlich 1702.

Sein Laboratorium auf dem Kaninchenwerder hatte nur allerkürzesten Bestand gehabt. Noch vor seiner Übersiedelung nach Schweden brannten die Baulichkeiten nieder – am östlichen Ufer der Insel finden sich bis heute einzelne verstreute Schlackenreste, die ungefähr die Stelle angeben, wo die alchimistische „Hütte" stand. Mehr als ein Jahrhundert verging, bevor die Zaubererinsel zu einer Zauberinsel wurde.

* Der Prozeß lief im wesentlichen auf bloße Schikanen hinaus und kann einem keine besonders hohe Meinung von der Rechtspflege jener Epoche beibringen. Der Beklagte sollte eingeschüchtert, abgeschreckt werden. Als ihm Unterschleife nicht nachgewiesen werden konnten, richtete man schließlich die Frage an ihn: was denn bei all dem Laborieren und Experimentieren in einer Reihe von Jahren herausgekommen sei. Das ist nun in der Tat eine Frage, die schließlich jeden Menschen in Verlegenheit setzen kann, und Kunckel gab die beste Antwort, die er unter so bewandten Umständen geben konnte.
Er sagte: „Der hochselige Herr Kurfürst war ein Liebaber von seltenen und kuriosen Dingen und freute sich, wenn etwas zustande gebracht wurde, *was schön und zierlich war*. Was dies *genutzt* hat, diese Frage kann ich nicht beantworten."

Die Pfaueninsel unter Friedrich Wilhelm III.
1797 bis 1840

Die Anfänge dazu (zur Zauberinsel) fallen bereits in die Regierungszeit Friedrich Wilhelms II. Der Schilfgürtel, der die Insel vor jedem Zutritt zu bergen schien, wurde mittelbar die Ursach, daß sich ihre Schönheit zu erschließen begann. In diesem Schilfe nisteten nämlich, wie schon angedeutet, Tausende von Schnepfen und Enten, die den jagdlustigen König, als er davon vernommen, erst bis an den Rand der Insel, dann auf diese selber führten. Einmal bekannt geworden mit dieser Waldesstille, die ihm bald wohler tat als die Aufregungen der Jagd, lockte es ihn öfter, vom nahen Marmorpalais, zu Kahn herüber. Aus dem Heiligen See in die Havel, an Sacrow vorüber, steuerte er an heiteren Nachmittagen, umgeben von den Damen seines Hofes, der ihm lieb gewordenen Insel zu, auf deren schönster Waldwiese die reichen orientalischen Zelte, die ihm irgendein Selim oder Mahmud geschenkt hatte, bereits vorher ausgespannt worden waren. Die Musik schmetterte; Tänze und ländliche Spiele wechselten ab; so vergingen die Stunden. Erst mit der sinkenden Sonne kehrte man nach dem Marmorpalais zurück.

Solche Lust gewährten dem Könige diese Fahrten nach der stillen, nahe gelegenden Waldinsel, daß er sich im Jahre 1793 entschloß, dieselbe vom Potsdamer Waisenhause, dem sie durch eine Schenkung Friedrich Wilhelms I. zugefallen war, zu kaufen. Dies geschah, und schon vor Ablauf von drei Jahren war das Eiland zu einem gefälligen Park umgeschaffen, mit Gartenhaus und Meierei, mit Jagdschirm und Federviehhaus und einem Lustschloß an der Nordwestspitze. Die Zeichnung zu diesem Lustschloß, so wird erzählt, rührte von der Gräfin Lichtenau her, die das Motiv dazu, während ihrer Reise in Italien, einem verfallenen Schloß entnahm, das zwei, oben mit einer Brücke verbundene Türme, unten aber, zwischen den beiden Türmen, ein großes Bogentor zeigte. Wir halten diese Erzählung für glaubhaft, trotzdem Kopisch sie bezweifelt. Die Lichtenau dilettierte in Kunstsachen, und nicht ganz ohne Talent. Esprit und Geschmack zählen bekanntlich zu den Vorrechten aller Damen aus der Schule der Laïs.

Der Bau des Schlosses begann; aber noch eh dieses und anderes seinen Abschluß gefunden hatte, starb der König, und die Annahme lag nahe, daß auch die nun zurückliegenden zehn Jahre unter Friedrich Wilhelm II., genau wie die sieben Jahre unter Kunckel, zu einer bloßen Episode im Leben der Pfaueninsel werden würden. Es kam indessen anders. Friedrich Wilhelm III., in allem gegensätzlich gegen seinen Vorgänger und diesen Gegensatz *betonend*, machte doch mit Rücksicht auf die Pfaueninsel eine Ausnahme und wandte ihr von Anfang an eine Gunst zu, die, bis zur Katastrophe von 1806, alles daselbst Vorhandene liebevoll pflegte, nach dem Niedergange der Napoleonischen Herrschaft aber diesen Fleck Erde zu einem ganz besonders bevorzugten machte. Ohnehin zu einem kontemplativen Leben geneigt, fand der König, aus den Stürmen des Krieges heimgekehrt, die Einsamkeit dieser Insel anziehender denn zuvor. Was ihm Paretz zu Anfang seiner Regierung gewesen war, das wurde ihm die Pfaueninsel gegen den Schluß hin. Man schritt zu neuen Anlagen und war bemüht, den Aufenthalt immer behaglicher zu gestalten. Viele Anpflanzungen von Gesträuchen und Bäumen, darunter Rottannen und Laubhölzer aller Art, fanden statt. Wildfliegende Fasanen machten sich heimisch auf der Insel; neue Bauten wurden aufgeführt. Eine mit Kupfer beschlagene „Fregatte" traf ein, die der Prinzregent dem Könige Friedrich Wilhelm III. zum Geschenk gemacht hatte*; ein russischer „Rollberg" entstand, eine sogenannte Rutschbahn, und russische Schaukeln setzten sich in Bewegung. 1821 wurde ein Rosensortiment aus der Nachlassenschaft des Dr. Böhm für eine erhebliche Summe Geldes gekauft und in vier Spreekähnen von Berlin aus nach der Pfaueninsel geschafft. Die Überführung dieser Sammlung gab Anlaß zur Anlage eines *Rosengartens*, der alsbald 140 Quadratruten bedeckte und 3000 hoch- und halbstämmige Rosen, dazwischen ungezählte Sträucher von Zentifolien, Noisetten und indischen Rosenarten, umschloß.

*Sie zerfiel bald. 1832 wurde deshalb eine zweite als Ersatz durch Lord Fitz Clarence überbracht. Diese existiert noch, ist aber auch schon wieder defekt.

Ziemlich um dieselbe Zeit wurde ein *Wasserwerk* mit einer Dampfmaschine errichtet, lediglich um ein großes Reservoir zu speisen, aus dem nun der sandige Teil der Insel bewässert werden konnte. *Damit war Lebensblut für alle darauf folgenden Verschönerungen gegeben.*

1828, nachdem viele Geschenke und Ankäufe vorausgegangen, ward auch eine reizende, alle Tierarten umfassende „*Menagerie*" erworben. Sie wurde hier wie von selbst zu einem *zoologischen Garten*, da Lenné, feinen Sinnes und verständnisvoll, von Anfang an bemüht gewesen war, den einzelnen Käfigen und Tiergruppen immer die passendste landschaftliche Umgebung zu geben. 1830 wurde auch das *Palmenhaus* errichtet.

Das kleine Eiland stand damals auf seiner Höhe. „Eine Fahrt nach der Pfaueninsel", so durfte Kopisch wohl schreiben, „galt den Berlinern als das schönste Familienfest des Jahres, und die Jugend fühlte sich überaus glücklich, die munteren Sprünge der Affen, die drollige Plumpheit der Bären, das seltsame Hüpfen der Känguruhs hier zu sehen. Die tropischen Gewächse wurden mit manchem Ach! des Entzückens bewundert. Man träumte, in Indien zu sein, und sah mit einer Mischung von Lust und Grauen die südliche Tierwelt: Alligatoren und Schlangen, ja das wunderbare Chamäleon, das opalisierend oft alle Farben der blühenden Umgebung widerzuspiegeln schien."

Meine eigenen Kindheitserinnerungen, wie ich sie eingangs ausgesprochen, finden in dieser Schilderung ihre Bestätigung.

Die Pfaueninsel 15. Juli 1852

Mit 1840 schied die Pfaueninsel aus der Reihe der herrschenden Lieblingsplätze aus; Friedrich Wilhelm IV. griff auf die Friderizianische Zeit zurück, und Sanssouci samt seinen Dependenzien belebte sich wieder. Das Rokokoschloß, das der Lichtenau ihre Entstehung verdankte, verfiel nicht, aber es kam außer Mode, und wie man die Jahrzehnte vorher gewallfahrtet war, um den Rosengarten der Pfaueninsel zu sehen, so führte jetzt die Eisenbahn viele Tausende hinüber, um, zu Füßen von Sanssouci, die Rosenblüte in Charlottenhof zu bewundern. Die Pfaueninsel kam außer Mode, so sag ich, aber wenn sie auch nicht Sommerresidenz mehr war, so zählte sie doch noch immer zu jenen bevorzugten Havelplätzen, wo Friedrich Wilhelm IV. an Sommerabenden zu landen und in Stille, bei untergehender Sonne, seinen Tee zu nehmen liebte. Ein solcher Sommerabend war auch der 15. Juli 1852. Wir berichten näher über ihn.

Kaiser Nikolaus war am preußischen Hofe zu Besuch eingetroffen. Ein oder zwei Tage später erschien Demoiselle Rachel in Berlin, um daselbst ihr schon 1850 begonnenes Gastspiel zu wiederholen. Friedrich Wilhelm IV., mit seinem kaiserlichen Gaste in Potsdam verweilend, gab, als er von dem Eintreffen der berühmten Tragödin hörte, dem Hofrat Schneider Auftrag, dieselbe für eine Pfaueninsel-Vorstellung zu engagieren. Über diesen allgemein gehaltenen Auftrag hinaus wurde nichts angeordnet. Die nötigen Schritte geschahen; die Rachel, die natürlich ein Auftreten im Neuen Palais oder doch mindestens im Stadttheater erwartete, sagte zu.

Am Nachmittage des festgesetzten Tages traf die Künstlerin, in Begleitung ihres Bruders Raphael, auf dem Bahnhofe zu Potsdam ein. Hofrat Schneider empfing sie.

Die Situation dieses letzteren, der, trotz aller Bemühungen, nicht imstande gewesen war, bestimmtere Ordres, eine Art Festprogramm, zu extrahieren, war inzwischen eine ziemlich peinliche geworden. Die Tragödin verlangte Auskunft über alles, während solche über nichts zu geben war. Als ihr schließlich, auf immer direkter gestellte Fragen, gesagt werden mußte, daß es an all und jeder Vorbereitung fehle, daß alles in die *Macht ihrer Erscheinung und ihres Genius gegeben sei*, geriet sie in die höchste Aufregung, fast in Zorn, und drohte, mit einem mehrfach wiederholten „jamais", die Unterhandlungen abzubrechen. Ihr Bruder Raphael bestärkte sie in ihrem Widerstande. „Eine Bänkelsängerin, eine Seiltänzerin, nie, nie!" Sie schickte sich an, mit dem nächsten Zug nach Berlin zurückzufahren.

Was tun? Eine Niederlage ohnegleichen schien sich vorbereiten zu sollen. Aber die diplomatische Beredsamkeit des Unterhändlers wußte sie zu vermeiden. Er erinnerte die Tragödin zunächst daran, daß Molière in ähnlicher Situation vor dem Hofe Ludwigs XIV. gespielt und seine größten Triumphe gefeiert habe, was Eindruck zu machen schien; als aber die Zuflüsterungen des „linken Reiters" (Bruder Raphael) dennoch wieder Oberhand erlangen zu wollen schienen, als das Wort „Bänkelsängerin" immer von neuem fiel, griff Hofrat Schneider endlich zu einem letzten Mittel. Er wußte, daß der berühmten Tragödin ungemein daran lag, in Petersburg – das ihr seit 1848, wo sie, von der Bühne herab, als „Göttin der Freiheit", die Marseillaise gesungen hatte, verschlossen war – wieder Zutritt zu gewinnen, und dieser Köder wurde jetzt nicht vergeblich an die Angel gesteckt. Der diplomatische Plénipotentiaire schilderte ihr mit lebhaftesten Farben, welch ein Eindruck es auf den Kaiser machen müsse, wenn er, heute abend auf der Pfaueninsel landend, erfahren würde, „Demoiselle Rachel habe es abgelehnt zu erscheinen", wie sich ihr aber umgekehrt eine glänzende, vielleicht nie wiederkehrende Gelegenheit biete, den Kaiser zu versöhnen, hinzureißen, wenn sie ihrer Zusage getreu bleibe. Dies schlug durch. „Je jouerai."

Demoiselle Rachel
Zeichnung von E. Schäfer

Bedenken, die auch jetzt noch von Viertelstunde zu Viertelstunde auftauchten, waren nur wie Wetterleuchten nach dem Gewitter und wurden mit verhältnismäßiger Leichtigkeit beseitigt. Unter diesen kleinen Bedenken war das erste, das laut wurde, die Kostümfrage. Nichts war zur Hand, nichts zu beschaffen. Ihre eigne Gesellschaftsrobe half indessen über diese Verlegenheit am ehsten hinweg. Sie trug ein schwarzes Spitzenkleid. Dies wurde ohne Mühe zu einem spanischen Kostüm hergerichtet. Ein Teil der kostbaren Alençons, zu einem aufrecht stehenden Kopfputze arrangiert, barg eine blutrote Rose; ein schwarzer Schleier, ein irischer Kragen vollendeten die Toilette. So traf man, nach kurzem Aufenthalte in der Stadt, auf der Pfaueninsel ein.

Die Sonne war eben im Untergehn. Noch einmal ein flüchtiges Stutzen, als auf die Frage: „Où jouerai-je?" stumm auf den Rasenfleck hingedeutet wurde, der von rechts her bis dicht an das Schloß herantritt – es war indessen die Möglichkeit eines „Nein", nachdem man bereits bis hierher gediehen war, so gut wie abgeschnitten, und zwar um so mehr, als eben jetzt der Hof, in seiner Mitte der Kaiser, erschien und, Kreis schließend, links auf dem Kieswege und rechts auf dem Rasenplatze Aufstellung nahm. Nach rechts hin, unter den Ministern und Generälen, stand auch die Rachel.

Es war inzwischen dunkel geworden, so dunkel, daß ihr Bruder ein in einer Glasglocke stehendes Licht ergriff und an die Seite der Schwester trat; späterhin, inmitten der Deklamationen, reichte auch das nicht aus, und die berühmte Tragödin nahm dem Bruder das Windlicht aus der Hand, um sich selber die Beleuchtung zu geben. Ihr Mienenspiel war ihre Größe. Sie hatte eine Stelle aus der „Athalie" gewählt, jene, fünfter Akt, fünfte Szene, wo sie dem Hohenpriester das Kind abfordert:

Ce que tu m'as promis, songe à l'exécuter:
Cet enfant, ce trésor, qu'il faut qu'on me remette,
Où sont-ils?

Sie spielte groß, gewaltig: es war, als ob das Fehlen alles Apparats die Wirkung steigere. Der Genius, ungehindert durch Flitter und Dekorationen, wirkte ganz als er selbst. Dabei brachen die Schatten des Abends immer mehr herein; die Luft war lau, und aus der Ferne her klang das Plätschern der Fontainen.

Alles war hingerissen. Zumeist der König. Kaum minder sein Gast, der Kaiser. Er trat an die Tragödin heran:

„J'espère de vous voir à Pétersbourg."
„Mille remerciements; mais . . . Votre Majesté . . ."
„Je vous invite, *moi*."

Die kaiserliche Einladung war ausgesprochen, das Ziel erreicht, der große Preis des Abends gewonnen.

Eine Viertelstunde später, in lampiongeschmückten Gondeln, kehrte der Hof, der auf eine kurze Stunde die Pfaueninselstille belebt hatte, wieder in die jenseit der breiten Havelfläche gelegenen Schlösser zurück, nach Glienicke, nach Sanssouci, nach dem Neuen Palais. An der Stelle aber, an der an jenem Abend die Rachel gesprochen und einen ihrer größten Triumphe gefeiert hatte, erhebt sich jetzt, auf schlankem Postament, eine Statuette der Künstlerin, einfach, die Inschrift tragend: „den 15. Juli 1852".

Havellandschaft bei Potsdam um 1860

Havelland

Das nebenstehende Gedicht klingt wie befreites Aufat-men. Endlich war die Arbeit vollendet, zu der er sich zehn Jahre zuvor seinem Verleger Hertz gegenüber verpflichtet hatte. Mit wieviel Freude war er daran gegangen: Im Winter 1863 auf 64 vertiefte er sich in die Geschichte der Wenden und der Zisterzienser in der Mark, schrieb die Kapitel Lehnin und Chorin – Paretz, Oranienburg, Tegel, Pfauen-insel u.a. lagen bereits fertig in der Schublade –, da brach im Februar 1864 der Krieg gegen Dänemark aus, und Preußen stand zusammen mit Österreich den Schleswig-Holsteinern bei. Fontane, um sich als patriotischer Schriftsteller aus-zuweisen, zog der kämpfenden Truppen nach; der Ober-Hofbuchdrucker von Decker wünschte ein Buch über den siegreichen Feldzug. Doch dieser Sieg trug den Keim des nächsten Krieges schon in sich. Und so erschienen 1866 statt der Wanderungen durchs Havelland „Reisebriefe vom Kriegsschauplatz" in Böhmen, denen 2 Bände über den „Deutschen Krieg von 1866" folgten.

Danach tat dem Autor Erholung not. Endlich, 1869, nahm er die Wanderungen wieder auf, recherchierte vor allem die Dörfer um den Schwielowsee, glaubte im April 1870, das Manuskript im Frühsommer abschließen zu kön-nen. Doch während er noch über den Korrekturen saß, brach der Krieg gegen Frankreich aus. Fontane hatte A und B

gesagt, nun mußte er auch C sagen und nach Frankreich ziehen. Zwischen den Fronten geriet er in Verdacht, für Preußen zu spionieren, er wurde verhaftet, bis auf die Atlan-tik-Insel Oléron verschleppt und entging wie durch ein Wunder dem Tod.

Kaum war der Bericht über seine abenteuerliche Kriegs-gefangenschaft erschienen, kehrte er an die bedrohlichen Punkte zurück, erlebte bei der Mühle von Sannois den Kampf der Pariser Kommunarden, gab dem Buch den betont unspektakulären Titel: „Aus den Tagen der Occupation. Eine Osterreise durch Nordfrankreich und Elsaß-Lothrin-gen 1871". Danach drängte Herr von Decker zum „eigent-lichen" Buch, dem „Krieg gegen Frankreich 1870/71", doch nun blieb Fontane konsequent und schloß – wenn auch unter höchster Belastung und ‚nebenbei' – 1872 den 3. Band der „Wanderungen" ab. Er fürchtete, der Verleger Hertz könnte sein Interesse daran verloren haben, doch Hertz beruhigte ihn auf liebenswürdigste Weise.

So, während er das Manuskript bereits in der Druckerei wußte, schrieb Fontane in der Sommerfrische der schlesi-schen Berge das Vorwort, seine große Liebeserklärung an das Havelland, poetische Variation zu dem Eingangssatz der „Wanderungen":

„Erst die Fremde lehrt uns, was wir an der Heimat besitzen".

Grüß Gott dich, Heimat! . . . Nach langem Säumen
In deinem Schatten wieder zu träumen,
Erfüllt in dieser Maienlust
Eine tiefe Sehnsucht mir die Brust.
Ade nun, Bilder der letzten Jahre,
Ihr Ufer der Somme, der Seine, Loire,
Nach Kriegs- und fremder Wässer Lauf
Nimm, heimische Havel, mich wieder auf.

Es spiegeln sich in deinem Strome
Wahrzeichen, Burgen, Schlösser, Dome:
Der Julius-Turm, den Märchen und Sagen
Bis Römerzeiten rückwärts tragen,
Das Schildhorn, wo, bezwungen im Streite,
Fürst Jaczko dem Christengott sich weihte,
Der Harlunger Berg, der an oberster Stelle
Weitschauend trug unsre erste Kapelle,
Das Plauer Schloß, wo fröstelnd am Morgen
Hans Quitzow steckte, im Röhricht verborgen,
Die Pfaueninsel, in deren Dunkel
Rubinglas glühte Johannes Kunckel,
Schloß Babelsberg und „Schlößchen Tegel",
Nymphäen, Schwäne, blinkende Segel –
Ob rote Ziegel, ob steinernes Grau,
Du verklärst es, Havel, in deinem Blau.

Und schönest du alles, was alte Zeiten
Und neue an deinem Bande reihten,
Wie schön erst, was fürsorglich längst
Mit liebendem Arme du umfängst.
Jetzt Wasser, drauf Elsenbüsche schwanken,
Lücher, Brücher, Horste, Lanken,
Nun kommt die Sonne, nun kommt der Mai,
Mit der Wasserherrschaft ist es vorbei.
Wo Sumpf und Lache jüngst gebrodelt,
Ist alles in Teppich umgemodelt,
Ein Riesenteppich, blumengeziert,
Viele Meilen im Geviert.
Tausendschönchen, gelbe Ranunkel,
Zittergräser, hell und dunkel,
Und mitteninne (wie das lacht!)

Des roten Ampfers leuchtende Pracht.
Ziehbrunnen, über die Wiese zerstreut,
Trog um Trog zu trinken beut,
Und zwischen den Trögen und den Halmen,
Unter nährendem Käuen und Zermalmen,
Die stille Herde, . . . das Glöcklein klingt,
Ein Luftzug das Läuten herüberbringt.

Und an dieses Teppichs blühendem Saum
All die lachenden Dörfer, ich zähle sie kaum:
Linow, Lindow,
Rhinow, Glindow,
Beetz und Gatow,
Dreetz und Flatow,
Bamme, Damme, Kriele, Krielow,
Petzow, Retzow, Ferch am Schwielow,
Zachow, Wachow und Groß Behnitz,
Marquardt – Ütz an Wublitz – Schlänitz,
Senzke, Lentzke und Marzahne,
Lietzow, Tietzow und Reckahne,
Und zum Schluß in den leuchtenden Kranz:
Ketzin, Ketzür und Vehlefanz.

Und an deinen Ufern und an deinen Seen
Was, stille Havel, sahst all du *geschehn*?!
Aus der Tiefe heraus die Unken klingen –
Hunterttausend Wenden hier untergingen;
In Lüften ein Lärmen, ein Bellen, ein Jagen,
„Das ist Waldemar", sie flüstern und sagen;
Im Torfmoor, neben dem Cremmer Damme
(Wo Hohenloh fiel), was will die Flamme?
Ist's bloß ein Irrlicht? . . . Nun klärt sich das Wetter,
Sonnenschein, Trompetengeschmetter,
Derfflinger greift an, die Schweden fliehn,
Grüß Gott dich Tag von *Fehrbellin*.

Grüß Gott dich Tag, du Preußenwiege,
Geburtstag und Ahnherr unsrer Siege,
Und Gruß *dir*, wo die Wiege *stand*,
Geliebte Heimat, Havelland!

Potsdam im Mai 1872

Die Kirche zu Sacrow
Stahlstich nach E. Biermann von Schulin

Am Nordufer der Havel

Im Schlußwort der „Wanderungen" sagt Fontane allen Dank, die ihm auf vielfältige Weise geholfen haben; er nennt Landadel, Landpastoren und Lehrer, aber nur einen hebt er namentlich heraus: den Garnisonschullehrer Wagener. Er muß den zwölf Jahre Jüngeren ins Herz geschlossen haben. Wer war Heinrich Wagener? Mit neunzehn kam er aus dem Köpenicker Lehrerseminar an die Elementarschule in Potsdam, wo er die Kinder der Berufssoldaten, des Hof-Dienstpersonals und der Gewehrfabrikarbeiter unterrichtete. Seine Wißbegier, seine Neugier auf Leben, auf das Herausfinden von Zusammenhängen in Natur und Historie übertrug sich nicht nur auf die Kinder der ‚Kleinen Leute', er überzeugte sogar die honorablen Herrn des Geschichtsvereins, die ihn 1863 zum Schriftführer wählten. Höchstwahrscheinlich hatte Louis Schneider die Bekanntschaft vermittelt.

Die ganze Gruppe der Kapitel aus der Umgebung von Potsdam, also Bornstedt, Sacrow, Fahrland, Falkenrehde, Marquardt, Uetz und Paretz am Nordufer der Havel und ebenso Werder, Glindow, Petzow, Caputh etc. am Südrande hin, entstanden unter *seiner* Führung, und was von ernsten und heiteren Geschichten unter all diesen Kapitelüberschriften enthalten ist, entnahm ich zu sehr wesentlichem Teile seinem immer frischen und anschaulichen, weil überall aus der Erlebnisfülle schöpfenden Unterwegs-Gespräche [...]"

In Nedlitz war es die Geschichte der ungewöhnlich wohlhabenden Fährfamilie, die ihn aufhorchen ließ, in Sacrow und Fahrland erwiesen sich die Kirchenchroniken als Fundgruben.

Bemerkenswerte Feststellung: Nicht die Sittenstrengen, Untadligen besaßen – trotz zugestandener Bravheit und Tüchtigkeit – die Liebe ihrer Gemeinde, sondern solche wie Pfarrer Schmidt aus Fahrland (übrigens Vater des ‚märkischen Sandpoeten' Schmidt von Werneuchen), einem Lebemann, Jäger und Anekdotenerzähler, der nie mit erhobenem Zeigefinger predigte, sondern, wenn Zeit zur Beichte war, rief: „Heran, ihr Sünder, bekennt und bessert euch!" und damit war die Sache erledigt.

In späteren Romanen tauchen dergleichen Antipoden immer wieder auf, nicht nur in „Unwiederbringlich" . . .

Aus den „Wanderungen", Fahrland Kapitel:

Von Potsdam bis Fahrland ist eine gute Meile. Der Weg läuft in gerader Linie nordwärts und wendet sich erst ganz zuletzt gegen Westen. Die erste halbe Meile, wenn man nicht das Glück hat, auf dem linkshin sich dehnenden Exerzierfelde die Potsdamer Garden in Übung zu sehen, ist interesselos; in Höhe des Dorfes Nedlitz aber ändert sich die Szene, und wir treten, auf eine ganze Strecke hin, in ein durch Landschaft und Geschichte gleich bemerkenswertes Terrain ein. Nur schade, daß die Geschichte an der Grenze sagenhafter Vorzeit liegt und nur Vermutungen gestattet.

Die Nedlitzer Fähre

In Höhe von Nedlitz geben sich an einer Schmalung drei Seen ein Rendezvous; die Krampnitz, der Fahrlandsche und der Jungfernsee treffen an einer Schmalung zusammen, und ein viaduktartiger Bau, mit Brückentoren und Brückenhaus, führt von einem Ufer zum andern.

Ein so stattliches Bild präsentierte sich hier nicht immer. Dies war vordem die bescheidene Wirkungsstätte der *Nedlitzer Fähre*. Jahrhundertelang fuhr hier ein schlichter Kahn über die Schmalung, erst von Vater und Sohn, dann vom Enkel und zuletzt vom Ur-Urenkel geführt. Immer desselben Namens. Die Nedlitzer Fährstelle war eine Erbstelle geworden. Schon im vorigen Säculo war die Familie so angesehen, daß sich ihre Töchter nach Sanssouci hin mit Hofgärtnern und Hofbauräten vermählten. Die Fähr-Müllers von Nedlitz waren reiche Leute; in Bornstedt hatten sie ein Erbbegräbnis, das größte, was der Kirchhof bis diese Stunde noch aufzuweisen hat.

Die Fähre ist nicht mehr. An ihre Stelle ist die imposante Bogenbrücke getreten; aber noch im Ausscheiden aus ihrer alten dynastischen Herrlichkeit hielt das Glück bei den Müllers aus. Die Ablösungssumme entsprach nicht nur der Fähreinnahme, die sie aufgaben, sondern vielmehr noch der historischen Macht, die sie niederlegten. An das Haus Müller kamen liegende Gründe, Geld, zuletzt auch der Brückenpalast, der auf ihrem alten Territorium, wie als Wahrzeichen ihrer früheren Herrlichkeit, ihnen errichtet worden ist. Selten wohl hat eine Fährstelle im Leben und Sterben so gute Tage gesehen.

Die Nedlitzer Brücke um 1840

Bornstedt

Bornstedt und seine Feldmark bilden die Rückwand von Sanssouci. Beiden gemeinsam ist der Höhenzug, der zugleich sie trennt: ein langgestreckter Hügel, der in alten Topographien den Namen „der Galberg" führt. Am Südabhange dieses Höhenzuges entstanden die Terrassen von Sanssouci; am Nordabhange liegt Bornstedt. Die neuen Orangeriehäuser, die auf dem Kamme des Hügels in langer Linie sich ausdehnen, gestatten einen Überblick über beide, hier über die Baum- und Villenpracht der königlichen Gärten, dort über die rohrgedeckten Hütten des märkischen Dorfes; links steigt der Springbrunnen auf und glitzert siebenfarbig in der Sonne, rechts liegt ein See im Schilfgürtel und spiegelt das darüber hinziehende weiße Gewölk.

Dieser Gegensatz von Kunst und Natur unterstützt beide in ihrer Wirkung. Wer hätte nicht an sich selbst erfahren, wie frei man aufatmet, wenn man aus der kunstgezogenen Linie auch des frischesten und natürlichsten Parkes endlich über Graben und Birkenbrücke hinweg in die weitgespannte Wiesenlandschaft eintritt, die ihn umschließt! Mit diesem Reiz des Einfachen und Natürlichen berührt uns auch Bornstedt. Wie in einem grünen Korbe liegt es da.

Aber das anmutige Bild, das es bietet, ist nicht bloß ein Produkt des Kontrastes; zu gutem Teile ist es eine Wirkung der pittoresken Kirche, die, in allen ihren Teilen deutlich erkennbar, mit Säulengang, Langschiff und Etagenturm, aus dem bunten Gemisch von Dächern und Obstbäumen emporwächst. Diese Kirche ist eine aus jener reichen Zahl von Gotteshäusern, womit König Friedrich Wilhelm IV. Potsdam gleichsam umstellte, dabei von dem in seiner Natur begründeten Doppelmotiv geleitet: den Gemeinden ein christliches Haus, sich selber einen künstlerischen Anblick zu gewähren. Auch für Bornstedt wählte er die Basilikaform [. . .]

Die Bornstedter Basilika samt Säulengang und Etagenturm ist ein Schmuck des Dorfes und der Landschaft; aber was doch weit über die Kirche hinausgeht, das ist ihr *Kirchhof*, dem sich an Zahl berühmter Gräber vielleicht kein anderer Dorfkirchhof vergleichen kann. Wir haben viele Dorfkirchhöfe gesehen, die um ihres landschaftlichen oder überhaupt ihres poetischen Zaubers willen einen tieferen Eindruck auf uns gemacht haben; wir haben andere besucht, die historisch den Bornstedter Kirchhof insoweit in Schatten stellen, als sie *ein* Grab haben, das mehr wiegt als alle Bornstedter Gräber zusammengenommen; aber wir sind nirgends einem Dorfkirchhofe begegnet, der solche Fülle von Namen aufzuweisen hätte.

Es hat dies einfach seinen Grund in der unmittelbaren Nähe von Sanssouci und seinen Dependenzien. Alle diese Schlösser und Villen sind hier eingepfarrt, und was in Sanssouci stirbt, das wird in Bornstedt begraben – in den meisten Fällen königliche Diener aller Grade, näher- und fernerstehende, solche, deren Dienst sie entweder direkt an Sanssouci band, oder solche, denen eine besondere Auszeichnung es gestattete, ein zurückliegendes Leben voll Tätigkeit an dieser Stätte voll Ruhe beschließen zu dürfen. So finden wir denn auf dem Bornstedter Kirchhofe Generale und Offiziere, Kammerherren und Kammerdiener, Geheime Räte und Geheime Kämmeriere, Hofärzte und Hofbaumeister, vor allem – Hofgärtner in Bataillonen.

Der Kirchhof teilt sich in zwei Hälften, in einen alten und in einen neuen. Jener liegt hoch, dieser tief. Der letztere (der neue) bietet kein besonderes Interesse.

Der alte Kirchhof hat den freundlichen Charakter einer Obstbaumplantage. Die vom Winde abgewehten Früchte, reif und unreif, liegen in den geharkten Gängen oder zwischen den Gräbern der Dörfler, die in unmittelbarer Nähe der Kirche ihre letzte Rast gefunden haben. Erst im weiteren Umkreise beginnt der Fremdenzuzug, gewinnen die Gäste von Sanssouci her die

Die Kirche in Bornstedt
Zeichnung von Wilhelm Thiele

Oberhand, bis wir am Rande des Gemäuers den Erbbegräbnissen begegnen. Wir haben also drei Zirkel zu verzeich-
nen: den Bornstedter, den Sanssouci- und den Erbbegräbnis-
Zirkel.

An einige Grabsteine des mittleren, also des Sanssouci-
Zirkels, treten wir heran; nicht an solche, die berühmte Namen
tragen (obschon ihrer kein Mangel ist), sondern an solche, die
uns zeigen, wie wunderbar gemischt die Toten hier ruhen. Da
ruht zu Füßen eines Säulenstumpfes Demoiselle Maria Theresia
Calefice. Wer war sie? Die Inschrift gibt keinen Anhalt: „Gott
und Menschen lieben, Gutes ohne Selbstsucht tun, den Freund
ehren, dem Dürftigen helfen – war ihres Lebens *Geschäft*." Ein
beneidenswertes Los. Dazu war sie in der bevorzugten Lage,
diesem „Geschäft" zweiundachtzig Jahre lang obliegen zu
können. Geboren 1713, gestorben 1795. Wir vermuten eine
reponierte Sängerin.

Nicht weit davon lesen wir: „Hier ruht in Gott Professor Samuel Rösel, geboren in Breslau 1769, gestorben 1843. ‚Tretet leise an sein Grab, ihr Männer von edlem Herzen, denn er war euch nahe verwandt.' " Wer war er? Ein gußeisernes Gitter, einfach und doch zugleich abweichend von allem Herkömmlichen, schließt die Ruhestätte ein; um die rostbraunen Stäbe winden sich Vergißmeinnichtranken, und zu Häupten steht eine Hagerose.

Noch ein dritter Fremder an dieser Stelle: Heinrich Wilhelm Wagenführer, geboren zu Neuwied 1690. Er wurde vom Rhein an die Havel verschlagen, wie es scheint, zu seinem Glück. Der Grabstein nennt ihn mit Unbefangenheit „einen vornehmen Kauf- und Handelsmann zu Potsdam". Diese Inschrift, mit den Daten, die sie begleiten, ist nicht leicht zu entziffern, denn ein alter Ulmenbaum, der zur Seite steht, hat sein Wurzelgeäst derart über den Grabstein hingezogen, daß es aussieht, als läge eine Riesenhand über dem Stein und mühe sich, diesen an der Grabstelle festzuhalten. Gespenstisch am hellen, lichten Tag!

Wir gehen vorbei an allem, was unter Marmor und hochtönender Inschrift an dieser Stelle ruht, ebenso an den Erbbegräbnissen des dritten Zirkels, und treten in eine nach links hin abgezweigte Parzelle dieses Totenackers ein, die den Namen des „Seloschen Friedhofs" führt. Die Sellos sind Sanssoucigärtner seit über hundert Jahren. Ihre Begräbnisstätte bildet eine Art vorspringendes Bastion; ein niedriges Gitter trennt sie vom Rest des Kirchhofs. Hier ruhen, außer der „Dynastie Sello", mit ihnen verschwägerte oder befreundete Sanssoucimänner, die „Eigentlichsten":

Karl Timm, Geheimer Kämmerier, gestorben 1839.
Emil Illaire, Geheimer Cabinetsrat, gestorben 1866.
Peter Joseph Lenné, Generaldirektor der königlichen
    Gärten, gestorben 1866.
Friedrich Ludwig Persius, Architekt des Königs,
    gestorben 1845.
Ferdinand von Arnim, Hofbaurat, gestorben 1866.

Denkmal an Denkmal hat diese Begräbnisstätte der Sellos zugleich zu einer Kunststätte umgeschaffen: Marmorreliefs, in der Sprache griechischer und christlicher Symbolik, sprechen zu uns; hier weist der Engel des Friedens nach oben; dort, aus dem weißen Marmorkreuz hervor, blickt das Dornenantlitz zu uns nieder, das zuerst auf dem Schweißtuche der heiligen Veronika stand. Nur die Sellos, die eigentlichen Herren des Platzes, haben den künstlerischen Schmuck verschmäht: einfache Feldsteinblöcke tragen ihre Namen und die Daten von Geburt und Tod.

Sie haben den künstlerischen Schmuck verschmäht, nur nicht den, der ihnen zustand. Die alten Gärtner wollten in einem Garten schlafen. So viele Gräber, so viele Beete – das Ganze verandaartig von Pfeilern und Balkenlagen umstellt. Die Pfeiler wieder hüllen sich in Efeu und wilden Wein, Linden und Nußbäume strecken von außen her ihre Zweige weit über die Balkenlagen fort, zwischen den Gräbern selbst aber stehen Taxus und Zypressen, und die brennende Liebe der Verbenen spinnt ihr Rot in das dunkelgrüne Gezweig.

Aus der Seloschen Begräbnisparzelle sind wir auf den eigentlichen Kirchhof zurückgeschritten.

Noch *ein* Denkmal verbleibt uns, an das wir heranzutreten haben: ein wunderliches Gebilde, das, in übermütigem Widerspruch mit Marmorkreuz und Friedensengel, den Ernst dieser Stunde wie ein groteskes Satyrspiel beschließt. Es ist dies das Grabdenkmal des bekannten Freiherrn Paul Jakob von Gundling, der Witz und Wüstheit, Wein- und Wissensdurst, niedere Gesinnung und stupende Gelehrsamkeit in sich vereinigte und 'der, in seiner Doppeleigenschaft als Trinker und Hofnarr, in einem *Weinfaß* begraben wurde. In der Bornstedter Kirche selbst, in der Nähe des Altars. Über seinem Grabe ließ König Friedrich Wilhelm I. einen Stein errichten, der trotz des zweifachen Neubaus, den die Kirche seitdem erfuhr, derselben erhalten blieb. Dies Epitaphium, ein Kuriosum ersten Ranges, bildet immer noch die Hauptsehenswürdigkeit der Kirche. Hübsche Basiliken gibt es viele; ein solches Denkmal gibt es nur einmal [...]

Dieser interessante Stein lag ursprünglich im Kirchenschiff; jetzt ist er senkrecht in die Frontwand eingemauert und wirkt völlig wie ein errichtetes Denkmal.

Wenn der weiße Marmor so vieler Gräber draußen längst zerfallen sein und kein rot-dunkles Verbenenbeet den Veranda-Begräbnisplatz der Sellos mehr schmücken wird, wird dies wunderliche Wappendenkmal, mit den Pfauenfedern und dem aufrecht stehenden Hasen, noch immer zu unseren Enkeln sprechen, und das Märchen von „Gundling und dem Weinfaßsarge" wird dann wundersam klingen wie ein grotesk-heiteres Gegenstück zu den Geschichten vom *Oger*.

Zeichnung von Wilhelm Thiele

72

Am Südrande der Havel

Caputh
(1870)

Nur selten erwähnt Fontane in seinen „Wanderungen"
Begleitpersonen, doch das folgende Kapitel lebt offensicht-
lich durch den Reiseführer und dessen Kenntnis von Land
und Leuten.

Wenn Fontane in besagtem Schlußwort bekannte, er habe
dank Heinrich Wagener zu seinem Glück aus der histori-
schen Vortragsweise (die im „Oderland" manchmal etwas
steifleinen wirkt), zu der genrehaften, das heißt zum
Plauderton zurückgefunden, so ist das Caputh-Kapitel –
selbst im gekürzten Zustand – dafür ein exzellentes Beispiel.

Die Sonne war eine halbe Stunde unter, als wir wieder
diesseit des Schwielow standen; es war keine Zeit mehr für
Caputh; die schmale Mondessichel reichte nicht aus – die
Stunde war verpaßt. So sahen wir uns denn vor die Alternative
gestellt, ob wir, mit der Chance, den letzten Zug zu versäumen,
unseren Rückweg antreten oder, coûte que coûte, in Caputh
übernachten wollten. Ich tat die entsprechende Frage, meine
Bedenken hinsichtlich des Nachtlagers nicht verschweigend.

Unser Führer (der Leser wird sich freundlichst seiner
entsinnen) sah mich leise vorwurfsvoll an und erwiderte dann
ruhig: „Sie kennen Boßdorf nicht."

„Nein."

„Nun, es ist Liebhaberei, daß er hier festsitzt. Er hat das beste
Bier und die besten Betten. Von allem andern rede ich gar nicht.
Boßdorf ist ein Name in diesen Gegenden."

„Gut denn. Also Boßdorf!"

Diese Unterredung war zwischen Fährstelle und Dorf geführt worden; als wir eben schlüssig geworden, hielten wir vor
dem Gegenstand unseres Gesprächs. Er reichte vielleicht nicht
voll an die Höhe heran, die ihm der Lokalpatriotismus unseres
Freundes anzuweisen trachtete, aber er hatte doch, wie ich auf

der Stelle wahrnehmen konnte, die unerläßlichste aller Wirts-
eigenschaften: er war freundlich. Sein Bier und seine Rede
lullten mich ein, und ich schlief bis an den hellen Tag. Nur
einmal wacht ich auf; ich glaubte in einem Trichter zu liegen
(was auch zutraf) und hatte geträumt, der Schwielow habe mich
in seine Tiefe gezogen.

Unter einem Lindenbaum in Front des Hauses wurde der
Kaffee genommen; die Spatzen musizierten über mir; endlich,
als sie ihren Mann durchschaut, hüpften sie vom Gezweige
nieder auf den Tisch und nahmen, nach dem Maße meiner
Guttat, an meinem Frühstück teil. Ich konnt es ohne Opfer tun;
es waren Semmeln in großem Format. Jenseit des
Staketenzaunes ging das Leben des Dorfes still-geschäftig sei-
nen Gang: junges Volk, die Sense auf der Schulter, eilte zur
Mahd hinaus; Kinder mit Erdbeeren kamen aus dem Walde;
Schifferleute, in weiten Teerjacken, schritten auf den See zu.
Ein anmutiges Bild. Ich verstand jetzt Boßdorf vollkommen und
warum er hier festsitzt.

Ein Wagen fuhr vor, ein vollgestopfter Kremser. Vor-
mittagsgäste; unverkennbar eine animierte Gesellschaft.
Ältliche Herren, junge Damen; aber nicht *zu* jung.

Boßdorf sprang an den Wagen. Als er wieder an mir vorbei
wollte, suchte ich ihn zu fassen und fragte leise: „Potsdamer?"
Er aber – mit einer Handbewegung, in der sich eine Welt
widerstreitender Empfindungen: Diensteifer und Geschmei-
cheltsein, Verlegenheit und ironische Schelmerei, aussprach –
antwortete im Vorüberfliegen: – *„Berliner".*

Berliner. Es gereichte meiner Menschenkenntnis wenig zur
Ehre, diese Tatsache auch nur einen Augenblick verkannt zu
haben [. . .]

Ich war nun wieder allein und wollte bereits – was immer
einen äußersten Grad von Verlegenheit ausdrückt – zu den

„Territorien der Mark Brandenburg", einer Art märkischem Baedeker, meine Zuflucht nehmen, als das Erscheinen unseres freundlichen Führers vom Tage vorher meiner Verlegenheit ein Ende machte, und mich aus der toten Aufzeichnung in das frisch pulsierende Leben stellte. Wir schlenderten am See hin, das Dorf entlang, an Schloß und Park vorbei; es war eine anmutige Vormittagsstunde, anregend, lebendig, lehrreich.

Caputh ist eines der größten Dörfer der Mark, eines der längsten gewiß; es mißt wohl eine halbe Meile. Daß es wendisch war, besagt sein Name. Was dieser bedeutet, darüber existieren zu viele Hypothesen, als daß die eine oder andere viel für sich haben könnte. So zweifelhaft indes die Bedeutung seines Namens, so unzweifelhaft war in alten Zeiten die Armut seiner Bewohner. Caputh besaß keinen Acker, und die große Wasserfläche, Havel samt Schwielow, die ihm vor der Tür lag, wurde von den Potsdamer Kiezfischern, deren alte Gerechtsame sich über die ganze Mittelhavel bis Brandenburg hin erstreckten, eifersüchtig gehütet und ausgenutzt. So stand es schlimm um die Caputher; Ackerbau und Fischerei waren ihnen gleichmäßig verschlossen. Aber die Not macht erfinderisch, und so wußten sich denn schließlich auch die Bewohner dieses schmalen Uferstreifens zu helfen. Ein doppeltes Auskunftsmittel wurde gefunden; Mann und Frau teilten sich, um von zwei Seiten her anfassen zu können. Die Männer wurden *Schiffer*, die Frauen verlegten sich auf *Gartenbau*.

Die Nachbarschaft Potsdams, vor allem das rapide Wachstum Berlins waren dieser Umwandlung, die aus dem Caputher Tagelöhner einen Schiffer oder Schiffsbauer machte, günstig, riefen sie vielleicht hervor. Überall an Havel und Schwielow hin entstanden Ziegeleien, und die Millionen Steine, die jahraus, jahrein am Ufer dieser Seen und Buchten gebrannt wurden, erforderten alsbald Hunderte von Kähnen, um sie auf den Berliner Markt zu schaffen. Dazu boten die Caputher die Hand. Es entstand eine völlige Kahnflotte, und mehr als sechzig Schiffe, alle auf den Werften des Dorfes gebaut, befahren in diesem Augenblicke den Schwielow, die Havel, die Spree. Das gewöhnliche Ziel, wie schon angedeutet, ist die Hauptstadt. Aber ein Bruchteil geht auch havelabwärts in die Elbe und

unterhält einen Verkehr mit Hamburg.

Caputh – das Chicago des Schwilow-Sees – ist aber nicht bloß die große Handelsempore dieser Gegenden, nicht bloß End- und Ausgangspunkt der zauche-havelländischen Ziegeldistrikte, nein, es ist auch *Stations*punkt, an dem der ganze Havelverkehr *vorüber* muß. Der Umweg durch den Schwielow ist unvermeidlich; es gibt vorläufig nur diese *eine* fahrbare Straße. Eine Abkürzung des Weges durch einen Nordkanal ist geplant, aber noch nicht ausgeführt. So wird denn das aus eigenen Mitteln eine Kahnflotte hinaussendende Caputh, das, wenn es sein *müßte*, sich selbst genügen würde, zugleich zu einem allgemeinen See- und Handelsplatz, zu einem Hafen für die Schiffe anderer Gegenden, und die Flottillen von Rathenow, Plaue, Brandenburg, wenn eine Havarie sie trifft oder ein Orkan im Anzuge ist, laufen hier an und werfen Anker. Am lebendigsten aber ist es auf der Caputher Reede, wenn irgendein großer Festtag einfällt und alte gute Sitte die Weiterfahrt verbietet. Das ist zumal um Pfingsten. Dann drängt alles hier zusammen; zu beiden Seiten des „Gemündes" liegen 100 Schiffe oder mehr, die Wimpel flattern, und hoch oben vom Mast, ein entzückender Anblick, grüßen hundert Maienbüsche weit in die Ferne.

Das ist die große Seite des Caputher Lebens; daneben gibt es eine kleine. Die Männer haben den Seefahrerleichtsinn; das in Monaten Erworbene geht in Stunden wieder hin, und den Frauen fällt nun die Aufgabe zu, durch Bienenfleiß und Verdienst im *kleinen* die Rechnung wieder ins gleiche zu bringen.

Wie wir schon sagten, es sind Gärtnerinnen; die Pflege, die der Boden findet, ist die sorglichste, und einzelne Kulturen werden hier mit einer solchen Meisterschaft getrieben, daß die „Caputhschen" imstande sind, ihren Nachbarn, den „Werderschen", Konkurrenz zu machen. Unter diesen Kulturen steht die Erdbeerzucht obenan. Auch ihr kommt die Nähe der beiden Hauptstädte zustatten, und es gibt kleine Leute hier, mit einem halben Morgen Gartenland, die in drei bis vier Wochen 120 Taler für Ananaserdbeeren einnehmen. Dennoch bleiben es kleine Leute, und man kann auch in Caputh wieder die Wahrnehmung machen, daß die feineren Kulturen es nicht zwingen und daß fünfzig Morgen Weizacker nach wie vor das Einfachste und das Beste bleiben. –

Unter Gesprächen, deren Inhalt ich in vorstehendem zusammenzufassen gesucht habe, hatten wir das Dorf nach Norden hin passiert und hielten jetzt an einer Havelstelle, von wo aus wir über einen parkartigen, grüngemusterten Garten hinweg auf das Herrenhaus sehen konnten, einen Hochparterrebau, mit Souterrain und zweiarmiger Freitreppe.

Dies Herrenhaus führt den Namen „Schloß", und trotz bescheidener Dimensionen immer noch mit einem gewissen Recht, wenigstens seiner inneren Einrichtung nach. Man geht in der Mark etwas verschwenderisch mit diesem Namen um und hilft sich nötigenfalls (wie beispielsweise in Tegel) durch das Diminutivum: Schlößchen.

Schloß Caputh war in alten Zeiten Rochowisch. Im Dreißigjährigen Kriege zerfiel es oder wurde zerstört, und erst von 1662 an erstand hier ein neues Leben. In diesem Jahre ging Caputh, Dorf wie Schloß, in den Besitz des Großen Kurfürsten über und verblieb, ein kurzes *Vorspiel* abgerechnet, auf das wir des weiteren zurückkommen (wir meinen die Zeit de Chiezes), 150 Jahre lang bei der Krone. Eine lange Zeit. Aber die Zeit seines *Glanzes* war um so kürzer und ging wenig über ein Menschenalter hinaus. Mit dieser Glanzepoche, unter Weglassung alles dessen, was vorausging und was folgte, werden wir uns in nachstehendem zu beschäftigen haben. Auch diese vorübergehende Glanzesära gliedert sich in verschiedene Zeitabschnitte, und zwar in die Zeit des Generals de Chieze, bis 1671, die Zeit der Kurfürstin Dorothea, bis 1689, und die Zeit Sophie Charlottens und König Friedrichs I., bis 1713 [. . .]

Wir schicken uns jetzt an, in das Schloß selbst einzutreten.

Die doppelarmige Freitreppe, wir erwähnten ihrer bereits (schon Sophie Charlotte schritt über diese Stufen hin), ist von Efeusenkern des Hauses derart umrankt und eingesponnen, daß jeden Tragstein ein zierlich-phantastischer Rahmen von hellgrünen Blättern schmückt. Die Wirkung dieses Bildes ist sehr eigentümlich. Eine Treppe in Arabeskenschmuck! Natur nahm der Kunst den Griffel aus der Hand und übertraf sie.

SCHLOSS KAPUTH

Zeichnung von Wilhelm Thiele

Die Tür des Gartensalons öffnet sich. Freundliche Worte begrüßen uns; wir sind willkommen.

Von einem kleinen zeltartigen Raume aus, der unmittelbar hinter der Freitreppe liegt, treten wir nunmehr unseren Rundgang an. Die Zimmer führen noch zum Teil die Bezeichnungen aus der kurfürstlichen Zeit her: Vorgemach, Schlafzimmer, Cabinet des *Kurfürsten*, auf dem andern Flügel ebenso der *Kurfürstin*; dazu Saal, Porzellankammer, Teezimmer. Die meisten Räume quadratisch und groß. Alle haben sie jene Patina, die alten Schlössern so wohl kleidet und angesichts welcher es gleichgültig ist, ob Raum und Inhalt sich in Epoche und Jahreszahlen einander decken. Nicht *wie* alt die Dinge sind, sondern ob alt überhaupt, *das* ist es, was die Entscheidung gibt. So auch hier. Die verblaßten oder auch verdunkelten Tapeten, die Gerätschaften und Nippsachen – es sind nicht Erinnerungsstücke genau aus jener Zeit caputhischen Glanzes, aber sie haben doch *auch* ihr Alter, und wir nehmen sie hin wie etwa einen gotischen Pfeiler an einem romanischen Bau. Beide haben ihr Alter überhaupt, das genügt; und unsere Empfindung übersieht es gern, daß zwei Jahrhunderte zwischen dem einen und dem anderen liegen.

Die Tapeten, das Mobiliar, die hundert kleinen Gegenstände häuslicher Einrichtung, sie sind weder aus den Tagen der strengen noch aus den Tagen der heitern Kurfürstin, die damals hier einander ablösten; die Hand der Zerstörung hat mitleidlos aufgeräumt an dieser Stelle. Aber wohin die Hand der Zerstörung buchstäblich nicht *reichen* konnte – die hohen Deckengemälde, sie sind geblieben und sprechen zu uns von jener Morgenzeit brandenburgischer Macht und brandenburgischer Kunst. Die großen Staatsbilder haben wir bereits in dem kurzen historischen Abriß, den wir gaben, beschrieben, aber viel reizvoller sind die kleinen. Ich schwelgte im Anblick dieser wonnigen Nichtigkeiten. Kaum ein Inhalt und gewiß keine Idee, und doch, bei so wenigem, so *viel*! Ein bequemes Symbolisieren nach der Tradition; in gewissem Sinne fabrikmäßig; alles aus der Werkstatt, in der die Dinge einfach gemacht wurden ohne besondere Anstrengung. Aber *wie* gemacht! welche Technik, welche Sicherheit und Grazie. Wie wohltuend das Ganze, wie erheiternd. Jetzt setzen die Künstler ihre Kraft an eine *Idee* und bleiben dann, neunmal von zehn, hinter *dieser* und

oft auch hinter sich selbst zurück. Wie anders damals. Die Maler konnten *malen* und gingen ans Werk. Kam ihnen nichts, nun, so war es immer noch eine hübsche Tapete; erwies sich aber die Stunde günstig, so war es wie ein Geschenk der Götter.

So Großes fehlt hier; aber auch das Kleine genügt. Genien und wieder Genien, blonde und braune, geflügelte und ungeflügelte, umschweben und umschwirren uns, und die Guirlanden, die sich zwischen den Fingerspitzen der lachenden Amoretten hinziehen, sie haben eine Pracht und Wahrheit der Farbe, daß es ist, als fielen noch jetzt die Rosen in vollen roten Flocken auf uns nieder. Im Teezimmer bringt eine dieser geflügelten Kleinen ein Tablett mit blaugerändertem Teezeug – selbst Boßdorf, als er sein Riesentablett der Lautenschlägerin präsentierte, hätte von diesem Liebling der Grazien lernen können.

Diese Zeit sinnlich blühender Renaissance, sie ist dahin. Was wir *jetzt* haben, mit allen unseren Prätensionen, wird nach zweihundert Jahren schwerlich gleiche Freude und Zustimmung wecken.

Es war Mittag, als wir wieder auf die Freitreppe hinaustraten. Der Himmel hatte sich bezogen und gestattete jetzt einen unbehinderten Blick auf das weite Wasserpanorama.

Die holländische Yacht, mit drei Königen und einem ganzen Silbertresor an Bord, steuerte nicht mehr havelabwärts; aber statt ihrer schwamm eine ganze Flotille von Havelkähnen heran, und am Horizonte stand in scharfen Linien steifgrenadierhaft die Garnisonkirche von Potsdam: das Symbol des Jüngstgeborenen im alten Europa, des Militärstaats *Preußen*.

Abfahrt des Obstdampfers von Werder nach Berlin
Zeichnung von Hermann Lüders 1880

Werder

[...] Es war im Spätsommer genannten Jahres (1736), als das eben damals in Brandenburg garnisonierende 3. Bataillon Leibgarde Befehl erhielt, zur Revue nach Potsdam zu marschieren, und zwar über *Werder*. Der Befehl lautete so bestimmt wie möglich; so blieb nichts anders übrig, als dem Könige rund und nett zu erklären, daß die *Brücke* zu Werder unfähig sei, das 3. Bataillon Leibgarde zu tragen. Die Gardemänner aber, etwa im Gänsemarsch, einzeln in die Stadt einrücken zu lassen, dieser Vorschlag wurde gar nicht gewagt: Friedrich Wilhelm I. würde ihn als einen Affront geahndet haben. So gab es denn nur *einen* Ausweg, eine – *neue Brücke*. Der König ließ sie aus Schatullengeldern in kürzester Frist herstellen.

Eine neue Brücke war nun da; aber auch in der Stadt selber sollte es anders werden. Ein Kommando des Leibregiments, aus Gründen, die nicht ersichtlich, war in Werder geblieben, und im Spätherbst erschien Seine Majestät in der Inselstadt, um über seine 150 Blauen eine Spezialrevue abzuhalten. Es war die unglücklichste Jahreszeit: die Karosse des Königs blieb mitten auf dem Markt im Moraste stecken, ein Parademarsch wurde zu einem Unding, und die Ungnade des Königs, wenn dergleichen nicht wieder vorkommen sollte, wandelte sich von selbst in eine Gnade um: Werder wurde gepflastert.

Die Kirche „Zum Heiligen Geist", auf der höchsten Stelle der Insel malerisch gelegen, war schon zwei Jahre vorher einem

Neubau unterzogen worden; ob sie schönheitlich dadurch gewonnen hatte, wird zu bezweifeln sein; die Lehniner Mönche verstanden sich besser auf Kirchenbau als der Soldatenkönig. Jedenfalls verbietet sich jetzt noch eine Entscheidung in dieser Frage, da die Renovation von 1734 längst wieder einem *neuen* Umbau gewichen ist, einer wiederhergestellten, spitzenreichen Gotik, die, in der Nähe vielleicht mannigfach zu beanstanden, als Landschaftsdekoration aber, wie eingangs dieses Kapitels bereits hervorgehoben wurde, von seltener Schönheit ist.

Dieser letzte Umbau, und wir treten damit in die Gegenwart ein, hat die Kirche erweitert, gelichtet, geschmückt; jene königliche Munifizenz Friedrich Wilhelms IV., die hier überall, an der Havel und den Havelseen hin, neue Kirchen entstehen, die alten wiederherstellen ließ, hat auch für Werder ein Mannigfaches getan. Dennoch, wie immer in solchen Fällen, hat das geschichtliche Leben Einbuße erfahren, und Bilder, Grabsteine, Erinnerungsstücke haben das Feld räumen müssen, um viel saubereren, aber viel uninteressanteren Dingen Platz zu machen. Zum Glück hat man für das „historische Gerümpel", als das man es angesehen zu haben scheint, wenigstens eine „Rumpelkammer" übriggelassen, wenn es gestattet ist, eine Sakristeiparzelle mit diesem wenig ehrerbietigen Namen zu bezeichnen. Hier befindet sich unter andern auch ein ehemaliges *Altargemälde*, das in Werder den überraschenden, aber sehr bezeichnenden Namen führt: „Christus als Apotheker". Es ist so abnorm, so einzig in seiner Art, daß eine kurze Beschreibung desselben hier am Schlusse unseres Kapitels gestattet sein möge. Christus, in rotem Gewande, wenn wir nicht irren, steht an einem Dispensiertisch, eine Apothekerwaage in der Hand. Vor ihm, wohlgeordnet, stehen acht Büchsen, die auf ihren Schildern folgende Inschriften tragen: Gnade, Hilfe, Liebe, Geduld, Friede, Beständigkeit, Hoffnung, Glauben. Die Büchse mit dem *Glauben* ist die weitaus größte; in jeder einzelnen steckt ein Löffel. In Front der Büchsen, als die eigentliche Hauptsache, liegt ein geöffneter Sack mit *Kreuzwurz*. Aus ihm hat Christus soeben eine Handvoll genommen, um die Waage, in deren einer Schale die *Schuld* liegt, wieder in Balance zu bringen. Ein zu Häuptern des Heilands angebrachtes Spruchband aber führt die

Worte: „Die Starken bedürfen des Arztes nicht, sondern die Kranken. Ich bin kommen, die Sünder zur Buße zu rufen und nicht die Frommen. (Matthäi 9, Vers 12.)"

Die Werderaner, wohl auf Schönemann gestützt, haben dies Bild bis in die katholische Zeit zurückdatieren wollen. Sehr mit Unrecht. Die katholische Zeit hat solche Geschmacklosigkeiten nicht gekannt. In diesen Spielereien erging man sich, unter dem nachwirkenden Einfluß der Zweiten Schlesischen Dichterschule, der Lohensteins und Hofmannswaldaus, zu Anfang des vorigen Jahrhunderts, wo es Mode wurde, einen Gedanken, ein Bild in unerbitterlich-konsequenter Durchführung zu Tode zu hetzen. Könnte übrigens inhaltlich darüber noch ein Zweifel sein, so würde die malerische Technik auch diesen beseitigen.

1734, in demselben Jahre, in dem die alte Zisterzienserkirche renoviert wurde, erhielt Werder auch eine *Apotheke*. Es ist höchst wahrscheinlich, daß der glückliche Besitzer derselben sich zum Donator machte und das Bildkuriosum, das wir geschildert, dankbar und – hoffnungsvoll stiftete.

Im nächsten Kapitel einiges über die „Werderschen".

[...] Je näher zur Stadt, um so schattiger werden rechts und links die Gärten; denn hier sind die Anlagen älter, somit auch die Bäume. Viele der letzteren sind mit edleren Sorten gepfropft, und Leinwandbänder legen sich um den amputierten Ast, wie die Bandage um das verletzte Glied. Hier mehren sich auch die Villen und Wohnhäuser, die großenteils zwischen Fluß und Straße, also zur Linken der letzteren, sich hinziehen. Eingesponnen in Rosenbüsche, umstellt von Malven und Georginen, entziehen sich viele dem Auge, andere wieder wählen die lichteste Stelle und grüßen durch die weitgestellten Bäume mit ihren Balkonen und Fahnenstangen, mit Veranden und Jalousien.

Eine reiche, immer wachsende Kultur! *Wann* sie ihren Anfang nahm, ist bei der Mangelhaftigkeit der Aufzeichnungen nicht mehr festzustellen. Es scheint aber fast, daß Werder als ein Fischerort ins siebzehnte Jahrhundert ein- und als ein Obst- und Gartenort aus ihm heraustrat. Das würde dann darauf hindeuten, daß sich die Umwandlung unter dem Großen Kurfürsten vollzogen habe, und dafür sprechen auch die mannigfachsten Anzeichen. Die Zeit nach dem Dreißigjährigen Kriege war wieder eine Zeit großartiger Einwanderung in die entvölkerte Mark, und mit den *garten*kundigen Franzosen, mit den Bouchés und Matthieus, die bis auf diesen Tag in ganzen Quartieren der Hauptstadt blühen, kamen ziemlich gleichzeitig die *agrikultur*kundigen *Holländer* ins Land. Unter dem, was sie pflegten, war auch der *Obstbau*. Sie waren von den Tagen Luise Henriettens, von der Gründung Oranienburgs und dem Auftreten der clevischen Familie Hertefeld an die eigentlichen landwirtschaftlichen Lehrmeister für die Mark, speziell für das *Havelland*, und wir möchten vermuten, daß der eine oder andere von ihnen, angelockt durch den echt holländischen Charakter dieser Havelinsel, seinen Aufenthalt hier genommen und die große Umwandlung vorbereitet habe. Vielleicht wäre aus den Namen der noch lebenden werderschen Geschlechter festzustellen, ob ein solcher holländischer Fremdling jemals unter ihnen auftauchte. Bemerkenswert ist es mir immer erschienen, daß die Werderaner in „Schuten" fahren, ein niederländisches Wort, das in den wendischen Fischerdörfern, soviel ich weiß, nie angetroffen wird.

Gleichviel indes, was die Umwandlung brachte, sie kam. Die Flußausbeute verlor mehr und mehr ihre Bedeutung; die Gärtnerzunft begann die Fischerzunft aus dem Felde zu schlagen, und das sich namentlich unter König Friedrich Wilhelm I., auch nach der Seite der „guten Küche" hin, schnell entwickelnde Potsdam begann seinen Einfluß auf die Umwandlung Werders zu üben. Der König, selber ein Feinschmecker, mochte unter den ersten sein, die anfingen, eine *werdersche* Kirsche von den üblichen Landesprodukten gleiches Namens zu unterscheiden. Außer den Kirschen aber war es zumeist das Strauchobst, das die Aufmerksamkeit des Kenners auf Werder hinlenkte. Statt der bekannten Bauernhimbeere, wie man ihr noch jetzt begegnet, die Schattenseite hart, die Sonnenseite madig, gedieh hier eine Spezies, die, in Farbe, Größe und strotzender Fülle prunkend, aus Gegenden hierhergetragen schien, wo Sonne und Wasser eine südliche Brutkraft üben.

Um die Mitte des vorigen Jahrhunderts hatte sich die Umwandlung völlig vollzogen: Werder war eine *Garten*insel geworden. Seinem Charakter nach war es dasselbe wie heut, aber freilich nicht seiner Bedeutung nach. Sein Ruhm, sein Glück begann erst mit jenem Tage, wo der *erste* Werderaner (ihm würden Bildsäulen zu errichten sein), mit seinem Kahne an Potsdam *vorüber*- und Berlin *entgegen*schwamm. Damit brach die Großzeit an. In Wirklichkeit ließ sie noch ein halbes Jahrhundert auf sich warten, in der Idee aber war sie geboren. Mit dem rapide wachsenden Berlin wuchs auch Werder und verdreifachte in fünfzig Jahren seine Einwohnerzahl, genau wie die Hauptstadt. Der Dampf kam hinzu, um den Triumph zu vervollständigen. Bis 1850 hielt sich die Schute, dann wurde sie als altehrwürdiges Institut beiseite gelegt, und ein „auf Gegenseitigkeit" gebauter Dampfer, der bald gezwungen war, einen großen Havelkahn ins Schlepptau zu nehmen, leitete die neue Ära der Werderaner ein. Von 1853 bis 1860 fuhr die „Marie Luise"; seitdem fährt der „König Wilhelm" zwischen Werder und Berlin.

Noch einiges Statistisches. Auch Zahlen haben eine gewisse Romantik. Wie viele Menschen erdrückt oder totgeschossen wurden, hat zu allen Zeiten einen geheimnisvollen Zauber ausgeübt; an Interesse steht dem vielleicht am nächsten, wieviel gegessen worden ist. So sei es denn auch uns vergönnt, erst mit kurzen Notizen zu debütieren und dann eine halbe Seite lang in Zahlen zu schwelgen.

Mit dem ersten Juni beginnt die Saison. Sie beginnt, von Raritäten abgesehen, mit Erdbeeren. Dann folgen die süßen Kirschen alle Grade und Farben; Johannesbeeren, Stachelbeeren, Himbeeren schließen sich an. Ende Juli ist die Saison auf ihrer Höhe. Der Verkehr läßt nach, aber nur, um Mitte August einen neuen Aufschwung zu nehmen. Die sauren Kirschen eröffnen den Zug; Aprikosen und Pfirsich folgen; zur Pflaumenzeit wird noch einmal die schwindelnde Höhe der letzten Juliwochen erreicht. Mit der Traube schließt die Saison. Man kann von einer Sommer- und Herbstcampagne sprechen. Der Höhenpunkt jener fällt in die Mitte Juli, der Höhenpunkt dieser in die Mitte September. Die Knupperkirsche einerseits, die blaue Pflaume andererseits – sie sind es, die über die Saison entscheiden.

Der Versand ist enorm. Er beginnt mit 1000 Tienen, steigt in rapider Schnelligkeit auf 3000, auf 5000, hält sich, sinkt, steigt wieder und tritt mit 1000 Tienen, ganz wie er begonnen, schließlich vom Schauplatz ab. Als Durchschnittsminimum wird man 3000, als Maximum 4000 Tienen täglich, die Tiene zu drei Metzen, annehmen dürfen. Der Preis einer Tiene ist 15 Silbergroschen. Dies würde, bei Zugrundelegung des Minimalsatzes, in 4 Monaten oder 120 Tagen einen Gesamtabsatz von 120 mal 3000, also von 360 000 Tienen ergeben. Dies ist aber zu niedrig gerechnet, da 360 000 Tienen, die Tiene zu 15 Silbergroschen, nur einer Gesamteinnahme von 180 000 Talern entsprechen würden, während diese auf 280 000 Taler angegeben wird. Gleichviel indes; dem Berliner wird unter allen Umständen der Ruhm verbleiben, als Minimalsatz alljährlich eine Million Metzen werdersches Obst zu konsumieren. Solche Zahlen sind schmeichelhaft und richten auf.

Sie richten auf – in erster Reihe natürlich die Werderschen selbst, die die entsprechende Summe einzuheimsen haben, und in der Tat, auf dem Werder und seinen Dependenzien ist ein solider Durchschnittswohlstand zu Hause. Aber man würde doch sehr irregehn, wenn man hier, in modernem Sinne, großes Vermögen, aufgespeicherte Schätze suchen wollte. Wer persönlich anfaßt und fleißig arbeitet, wird selten reich; reich wird der, der mit der Arbeit hundert anderer Handel treibt, sie als kluger Rechner sich zunutze macht. An solche Modernität ist hier nicht zu denken. Dazu kommen die bedeutenden Kosten, Lohnzahlungen und Ausfälle. Eine Tiene Obst, wir gaben es schon an, bringt im Durchschnitt fünfzehn Silbergroschen; davon kommen sofort in Wegfall: anderthalb Silbergroschen für Pflückerlohn und ebenfalls anderthalb Silbergroschen für Transport. Aber die eigentlichen Auslagen liegen schon weit vorher. Die Führung großer Landwirtschaften ist aus den mannigfachsten Gründen, aus Mangel an Wiesen und vielleicht nicht minder aus Mangel an Zeit und Kräften, auf dem Werder so gut wie unmöglich; so fehlt es denn an Dung und diese Unerläßlichkeit muß aus der Nachbarschaft, meist aus Potsdam, mühsam herbeigeschafft werden. Eine Fuhre Dung kostet sieben Taler. Dies allein bedingt die stärksten Abzüge. Was aber vor allem einen eigentlichen Reichtum nicht aufkommen läßt, das sind die Ausfalljahre, wo die Anstrengungen, um noch größerem Unheile vorzubeugen, verdoppelt werden müssen und wo dennoch mit einem Defizit abgeschlossen wird. Die Überschüsse früherer Jahre müssen dann aushelfen. Derartige Ausfalljahre sind solche, wo entweder starke Fröste die großen Obstplantagen zerstören oder wo im Frühjahr die Schwaben und Blatthöhler das junge Laub töten, die Ernte reduzieren und oft die Bäume dazu. So gibt es denn unter den Werderschen eine Anzahl wohlhabender Leute, aber wenig reiche. Es ist auch hier dafür gesorgt, daß die Bäume nicht in den Himmel wachsen. [...]

Vom Knie bis zur Stadt ist nur noch eine kurze Strecke. Wir schritten auf die Brücke zu, die zugleich die Werft, der Hafen- und Stapelplatz von Werder ist. Hier wird aus- und eingeladen, und die Bilder, die diesen Doppelverkehr begleiten, geben dieser Stelle ihren Wert und ihre Eigentümlichkeit. Der gesamte Hafenverkehr beschränkt sich auf die Nachmittagsstunden; zwischen fünf und sechs, in einer Art Kreislauftätigkeit, lehren sich die Räume des aus der Hauptstadt zurückkehrenden Dampfers und seines Beikahns wie im Fluge, aber sie leeren sich nur, um sich unverzüglich wieder mit Töpfen und Tienen zu füllen.

Es ist jetzt fünf Uhr. Der Dampfer legt an; die Entfrachtung nimmt ihren Anfang. Über das Laufbrett hin, auf und zurück, in immer schnellerem Tempo, bewegen sich die Bootsleute, magere, aber nervige Figuren, deren Beschäftigung zwischen Landdienst und Seedienst eine glückliche Mitte hält. Wenn ich ihnen eine gewisse Matrosengrazie zuschriebe, so wäre das nicht genug. Sie nähern sich vielmehr dem Akrobatentum, den Vorstadt-Rappos, die sechs Stühle übereinandertürmen und den ganzen Turmbau aufs Kinn oder die flache Hand gestellt, über ein Seil hin ihre doppelte Balancierkunst üben: der *Bau* darf nicht fallen und sie *selber* auch nicht. So hier. Einen Turmbau in

Händen, der sich aus lauter ineinandergestülpten Tienen zusammensetzt und halbmannshoch über ihren eigenen Kopf hinauswächst, so laufen sie über das schwanke Brett und stellen die Tienentürme in langen Reihen am Ufer auf. Im ersten Augenblick scheint dabei eine Willkür oder ein Zufall zu walten; ein schärferes Aufmerken aber läßt uns in dem scheinbaren Chaos bald die minutiöseste Ordnung erkennen, und die Tienen stehen da, militärisch gruppiert und geordnet, für den Laien eine große, unterschiedslose Masse, aber für den Eingeweihten ein Bataillon, ein Regiment, an Achselklappe, Knopf und Troddel aufs bestimmteste erkennbar. So viele Gärtner und Obstpächter, so viele Compagnien. Zunächst unterscheiden sich die Tienen nach der *Farbe*, und zwar derart, daß die untere Hälfte au naturel auftritt, während die obere, mehr sichtbare Hälfte, in Rot oder Grün, in Blau oder Weiß sich präsentiert. Aber nicht genug damit. Auf diesem breiten Farbenrande befinden sich, zu weiterer Unterscheidung, entweder die Namen der Besitzer oder noch häufiger ihre Wappenzeichen: Kreuze, stehend und liegend, Sterne, Kreise und Sonnen, eingegraben und eingebrannt. Man kann hier von einer völligen *Heraldik* sprechen. Die alten „Geschlechter" aber, die diese Wappen tragen und pflegen, sind die Lendels, die Mays, die Kühls, die Schnetters und unmittelbar nach ihnen die Rietz', die Kuhlmeys, die Dehnickes. Als altwendisch gelten die Lendels und die Rietz', vielleicht auch die Kuhlmeys.

Ist nun aber das Landen der leeren Tienen, wie wir es eben geschildert haben, eine heitere und malerische Szene, so kann diese doch nicht bestehen neben dem konkurrierenden Schauspiel des *Einladens*, des An-Bord-Schaffens, das schon beginnt, bevor das Ausladen zur Hälfte beendet ist.

Etwa von fünfeinhalb Uhr ab, und nun rapide wachsend bis zum Moment der Abfahrt, kommen die Obstwagen der Werderaner heran, kleine, grüngestrichene Fuhrwerke, mit Tienen hoch bepackt und mit zwei Zughunden am Deichsel, während die Besitzer, durch Stoß von hinten, die Lokomotion unterstützen. Ein Wettfahren beginnt, alle Kräfte konzentrieren sich, von links her rollt es und donnert es über die Brücken-

bohlen, von rechts her, auf der chaussierten Vorstadtstraße, wirbelt der Staub, und im Näherkommen an das ersehnte Ziel heulen die Hunde immer toller in die Luft hinein, wie verstimmte Posthörner beim Einfahren in die Stadt. Immer mächtiger wird die Wagenburg, immer lauter das Gebläff, immer quicker der Laufschritt derer, die die Tienen über das Brett hin in den am Landungsdamm liegenden Kahn hineintragen. Jetzt setzt der Zeiger ein, von der werderschen Kirche herüber tönen langsam die sechs Schläge, deren letzter in einem Signalschuß verklingt. Weithin an den hohen Ufern des Schwielow weckt er das Echo. Im selben Augenblick folgt Stille der allgemeinen Bewegung, und nur noch das Schaufeln des Raddampfers wird vernommen, der, eine Kurve beschreibend, das lange Schlepptau dem Havelkahne zuwirft und, rasch flußaufwärts seinen Cours nehmend, das eigentliche Frachtboot vom Ufer löst, um es geräuschlos in das eigene Fahrwasser hineinzuzwingen.

Von der Brücke aus gibt dies ein reizendes Bild. Auf dem großen Havelkahn, wie die wilden Männer im Wappen, stehen zwei Bootsleute mit ihren mächtigen Rudern im Arm, während auf dem Dampfer in langer Reihe die „Werderschen" sitzen, ein Nähzeug oder Strickzeug in den Händen und nichts vor sich als den Schornstein und seinen Eisenkasten, auf dessen heißer Platte einige dreißig Bunzlauer Kaffeekannen stehen. Denn die Nächte sind kühl und der Weg ist weit.

Eine Viertelstunde noch, und Dampfer und Havelkahn verschwinden in dem Défilé bei Baumgartenbrück; der Schwielow nimmt sie auf, und durch das „Gemünde" hin, an dem schönen und langgestreckten Caputh vorbei, geht die Fahrt auf Potsdam zu, an den Schwänen vorüber, die schon die Köpfe eingezogen hatten und nun unmutig hinblicken auf den Schnaufer, der ihren Wasserschlaf gestört.

Bei Dunkelwerden Potsdam, um Mitternacht Spandau, bei Dämmerung Berlin.

Und eh der erste Sonnenschein um den Marienkirchturm blitzt, lachen in langer Reihe, zwischen den Brücken hin, die roten Knupper der Werderschen.

Die Inselstadt verband sich für Fontane nicht zuletzt mit den prallbusigen, grobknochigen Dienerinnen Pomonens, die in Berlin zwischen Herkules- und Friedrichsbrücke ihre Früchte feilboten. Als Schüler pflegte er auf dem Wege zur Klödenschen Gewerbeschule mit Wonne das Einlaufen der Werderschen Früchte-Armada zu beobachten, „große Schuten, dicht mit Tienen besetzt, während auf den Ruderbänken neunundzwanzig Werderanerinnen saßen und ihre Ruder und die Köpfe mit den Kiepenhüten gleich energisch bewegten." Fontane konnte sich nicht entsinnen „je anders als mit ‚Augen rechts' an ihrer langen Front vorübergegangen zu sein." Noch Jahrzehnte später erinnerte er sich an die prächtigen Pfirsiche in Weinblättern und an den erfrischenden Duft, der von den aufeinandergetürmten Holztienen ausging.

Als Fünfzigjähriger schickte er sich an – „bei 27 Grad im Schatten und absoluter Windstille" – den „besten Freundinnen" seiner Jugend ein Denkmal zu setzen.

Wie immer hatte er sich gut vorbereitet, unter anderem die „Diplomatische und topographische Geschichts-Beschreibung der kurmärkischen Mediat-Stadt Werder" von Schönemann aus dem Jahre 1784 gelesen, und fand den Menschenschlag wie beschrieben: „stark, nervig, abgehärtet und sehr beweglich", aber auch, wie Werders Stadtrichter Irmisch 1630 behauptete: „hart, zäh, allem Fremden und Neuen abgeneigt, das Irdische über das Überirdische setzend [. . .] kein Idealbild, aber doch das Bild eines tüchtigen Stammes [. . .]" Er versuchte zu ergründen, warum sie so wurden, gab Einblicke ins Werdersche Marktgefüge, auch in die Mühen und Plagen, rechnete den Berlinern, die nur die prächtige, duftende Seite des Werderschen Obstes genossen und vielleicht noch daran herummäkelten, vor, mit wievielen Anstrengungen es angebaut und geerntet wurde und wieviel dem Gärtner übrigblieb von den 15 Silbergroschen pro Tiene.

Die Erinnerungen an die Inselstadt Werder, vor allem an die köstlichen Knupperkirschen („Kirschen wie ein Mädchenmund") tauchen noch einmal in „Irrungen, Wirrungen" auf, und der fast Siebzigjährige nennt in dem Gedicht: „Was mir gefällt" neben allerlei Köstlichkeiten auch die Kirschen aus Werder.

Alt Geltow
(1872)

Etwa tausend Schritt hinter Baumgartenbrück, und zwar landeinwärts, liegt Alt Geltow.

Wenn es auch bezweifelt werden mag, daß die „alte Bomgarde", die dem heutigen Baumgartenbrück den Namen gab, wenigstens soweit das *Sprachliche* in Betracht kommt, bis in die slawische Zeit hinauf zu verfolgen ist, so haben wir dagegen in Alt Geltow ein unbestritten wendisches Dorf. Die ältesten Urkunden tun seiner bereits Erwähnung, und es nimmt seinen Platz ein unter den sieben alten Wendendörfern der Insel Potsdam: Bornim, Bornstedt, Eiche, Golm, Grube, Nedlitz und Gelte. Diese letztere Schreibweise, ursprünglich Geliti, ist die richtigere. Geltow indes ist der übliche Namen geworden.

Die Geschichte des Dorfes geht weit zurück; aber die schon erwähnten Urkunden, von denen die älteste aus dem Jahre 933 stammt, sind dürftigen Inhalts und lassen uns, von kleinen Streitigkeiten abgesehen, nur das eine erkennen, daß erst die Familie Hellings von Gelt, dann die Gröbens, dann die Hakes ihren Besitz hier hatten. 1660 gingen Dorf und Heide an den Großen Kurfürsten über und gehörten seitdem zu den vielen Besitzungen des kurfürstlichen beziehungsweise königlichen Hauses in der Umgebung von Potsdam. 1842 wurde die Heide zur Erweiterung des Wildparks benutzt.

Geltow war immer arm; dieser Charakter verblieb ihm durch alle Zeiten hin, und die schlichten Wände seiner Kirche, deren wir eben ansichtig werden, mahnen nur zu deutlich daran, daß die Pfarre, um die Mitte des vorigen Jahrhunderts, 200 Taler trug.

Wir schreiten zunächst über einen Grabacker hin, der seit zwanzig oder dreißig Jahren brachliegt und eben wieder anfängt aufs neue bestellt zu werden. Zwischen den eingesunkenen Hügeln wachsen frische auf; diese stehen in Blumen, während wilde Gerste über die alten wächst.

Es ist Spätnachmittag; der Holunder blüht; kleine blaue Schmetterlinge fliegen um die Gräber; ein leises Bienensummen ist in der Luft; aber man sieht nicht, woher es kommt.

Die Kirchtür ist angelehnt; wir treten ein und halten Umschau in dem schlichten Raume: weiße Wände, eine mit Holz verschlagene Decke und hart an der Giebelwand eine ängstlich hohe Kanzel, zu der eine steile, gradlinige Seitenstiege führt.

Und doch das Ganze nicht ohne stillen Reiz. Krone neben Krone; gestickte Bänder, deren Farben halb oder auch ganz verblaßten; dazwischen Myrten- und Immortellenkränze im bunten Gemisch. Das Ganze ein getreues Abbild stillen dörflichen Lebens: er ward geboren, nahm ein Weib und starb.

Es ist jetzt Sitte geworden, die Kirchen dieses Schmuckes zu berauben. „es sind Staubfänger", so heißt es, „es stört die Sauberkeit." Richtig vielleicht und doch grundfalsch. Man nimmt den Dorfkirchen oft das Beste damit, was sie haben, vielfach auch ihr – Letztes. Die buntbemalten Fenster, die großen Steinkruzifixe, die Grabsteine, die vor dem Altar lagen, die Schildereien, mit denen Liebe und Pietät die Wandpfeiler schmückte – sie sind alle längst hinweggetan; „sie nahmen das Licht", oder „sie waren zu katholisch", oder „die Fruen und Kinner verfierten sich". Nur die Braut- und Totenkronen blieben noch. Sollen nun auch *diese* hinaus? Soll alles fort, was diesen Stätten Poesie und Leben lieh? Was hat man denn dafür zu bieten? Diese Totenkronen, zur Erinnerung an Heimgegangene, waren namentlich dem aufs Saubere und Ordentliche gestellten Sinn Friedrich Wilhelms III. nicht recht. In den Dorfkirchen, wo er sonntags zum Gottesdienste erschien, duldete er sie nicht. Er gestattete aber Ausnahmen. Pastor Lehnert in Falkenrehde erzählt: „Eine alte Kolonistenwitwe in meiner Gemeinde verlor ihren Enkel, den sie zu sich genommen und erzogen hatte und der ihr ein und alles war. Sie ließ eine reich mit Bändern verzierte Totenkrone anfertigen und begehrte, solche neben ihrem Sitze in der Kirche aufhängen zu dürfen, weil sie sonst keine Ruhe und keine Andacht mehr habe'." Pastor Lehnert gab nach. Der König, bei einem nächsten Kirchenbesuche von Paretz aus, bemerkte die Krone und äußerte sich mißfällig; als ihm aber der Hergang mitgeteilt wurde, fügte er hinzu: *„Will der Frau ihre Ruhe und Andacht nicht nehmen."* – Solche Fälle, wo „Ruhe und Andacht" eines treuen und liebevollen Herzens an einem derartigen, noch dazu höchst malerischen Gegenstande hängen, sind viel häufiger, als nüchterne Verordnungen Unbeteiligter voraussetzen mögen.

Die Alt-Geltower scheinen so empfunden zu haben und haben ihren besten Schmuck zu bewahren gewußt. Die Giebelwand, an der sich Kanzel und Kanzeltreppe befinden, ist ganz in Kronen und Kränze gekleidet, im ganzen zählte ich siebenzig, und dazwischen hängen jene bekannten schwarz und weißen Tafeln, an deren Häkchen die Kriegsdenkmünzen aus der Gemeinde ihre letzte Stätte finden. Die eine Tafel erzählte von 1813; auf der andern las ich folgendes:

> „Aus diesem Kirchspiel starben im Befreiungskriege
> für ihre *deutschen Brüder* in Schleswig-Holstein:
> F.W. Kupfer, gefallen vor Düppel am 17. März 1864;
> Carl Wilhelm Lüdeke, gestorben an seinen Wunden
> im Lazarett zu Rinkenis am 22. März 1864.
> Vergiß die treuen Toten nicht."

Das Jahr 1866 schien ohne Opferforderung an Geltow vorübergegangen zu sein. Aber *jetzt*! Manch neuer Name wird sich zu den alten gesellen.

In der Kirche hatte sich ein Mann aus dem Dorfe, ich weiß nicht, ob Lehrer oder Küster, zu uns gefunden. „Nun müssen Sie noch die Meusebachsche Begräbnisstätte sehen", so sagte er. Wir horchten auf, da wir von einer solchen Begräbnisstätte nie gehört hatten, folgten dann aber unserem neu gewonnenen Führer, bis wir draußen an einen Vorsprung gelangten, eine Art Bastion, wo der Kirchhofshügel steil abfällt. Hier, an höchster Stelle, die einen Überblick über das Dorf und seine Gärten gestattet, bemerkten wir nunmehr einen eingefriedigten, mit Eschen und Zypressen umstellten Platz, dessen schlichtes, mit Convolvulus und wildem Wein umranktes Gitter drei Efeugräber einschloß. In ihnen ruhten Vater, Mutter, Sohn. Die letzten ihres Namens. Das Ganze wirkte durch seine große Einfachheit [. . .]

Daß ich Gräbern wie diesen auf dem Geltower Kirchhofe begegnen würde, *der* Gedanke hat mir ferngelegen. Ich las die einfachen Inschriften, nahm ein Efeublatt vom Grabe des Vaters und stand noch immer wie im Bann dieser Stätte.

Alt-Geltow, so alt wie Potsdam, vielleicht älter noch, hatte nicht Carrière gemacht, war klein und bescheiden am Rande geblieben. Aber für Fontane war groß oder klein oft nur eine Sache der Beleuchtung oder des Standpunktes, den der Betrachter einnimmt. Seiner Frau gegenüber äußerte er sich 1883: „Ich behandle das Kleine mit derselben Liebe wie das Große, weil ich den Unterschied zwischen klein und groß nicht recht gelten lasse, treffe ich aber wirklich mal auf Großes, so bin ich ganz kurz. Das Große spricht für sich selbst, es bedarf keiner künstlerischen Behandlung, um zu wirken. Gegenteils, je weniger Apparat und Inszenierung, um so besser . . ."

Klein und leicht zu übersehen war in der Dorfkirche die Erinnerungstafel mit den beiden Namen der 1864 gefallenen Geltower, für Fontane aber verbanden sich die Orte Düppel und Rinkenis mit ungezählten Beispielen von Tapferkeit und Opferbereitschaft, die er selbst miterlebt hatte.

Das Efeublatt, das der sonst so unsentimentale Wanderer vom Grabe des alten Freiherrn von Meusebach mitnahm, bezeugt, wie sehr ihn das Vater-Sohn Verhältnis berührt haben mochte: Der Vater trug sein Leben lang die wertvollste Sammlung früher deutscher Literatur zusammen, und der Sohn setzte sie bedenkenlos in Weingeist um . . .

Übrigens hatte das Meusebach-Kapitel noch ein Nachspiel, wie aus einem Brief Fontanes an Mathilde von Rohr vom 26.3.1874 hervorgeht:

Neulich kriegte ich einen Klagebrief von einer Fr. v. Witzleben, geb. v. Meusebach, aus Potsdam, die sich bitter beschwerte über das, was ich über ihren verstorb. Bruder geschrieben habe. Er war schließlich absolut verrückt; ich nenne ihn einen ‚Mann von Genie und Excentricität'; das ist nun der Dank dafür.

Da sich auch die Familie Gentz über seine Darstellung verstimmt zeigt und er von der Familie von Rohr Ähnliches befürchtet, bemerkt er im selben Brief:

. . . Mitunter schwindelt einem. Ich habe es aber nun so oft erlebt, daß es keinen Eindruck mehr auf mich macht.

Wirklich nicht? Er betont es zu verschiedenen Zeiten an mehreren Stellen, – ein wenig zu oft; woraus sich schließen läßt, daß es ihn doch ärgerte.

Wenige Jahre später wurde die Dorfkirche wegen Baufälligkeit abgerissen und 1887 eine ebenso schlichte neue eingeweiht. Am 6. Juni 1888, neun Tage vor seinem qualvollen Ende kam Kaiser Friedrich III. mit seiner Gemahlin Victoria unauffällig und unerkannt von Sanssouci herüber, um in diesem Kirchlein Zwiesprache mit Gott zu halten. Es sollte der letzte Ausflug gewesen sein.

Fontane schildert die Begebenheit, und der Ton hochachtungsvoller Huldigung kommt aus ehrlichem Herzen. Friedrich III. war für ihn „eine ideale Gestalt, wenn auch ein schlechter Praktiker", frei, menschlich und ohne Allüren; er bewunderte die Würde, mit der er das zur Wirkungslosigkeit verurteilte Kronprinzen-Dasein im Schatten des uralten, starrsinnigen Vaters ertrug, und er verneigte sich vor der stillen Größe des Todgeweihten, dem als Kaiser nur noch neunundneunzig Tage blieben.

Friedrich III. starb am 15. Juni 1888. Die Zeitungen schwelgten ein paar Tage lang in (oft genug falscher) Sentimentalität, dann hingen sie ihr Mäntelchen in den neuen Wind. Fontane an Theo junior am 17. Juni 1888:

Die Zeitungen schwenken übrigens schon ein, und Wilhelm II., der noch vor drei Tagen eine bedrohliche Erscheinung war, ist jetzt bereits ein hoffnungsgebender Fürst. Noch drei Wochen, und er ist ein Stern.

Die Hoffnung auf mehr Liberalismus war mit
                    Friedrich III. begraben.

Kaiser Friedrich III.
Letzte Fahrt
(6. Juni 1888)

„Ich sähe wohl gern" (er sprach es stumm)
„Noch einmal die Plätze hier herum,
Am liebsten auf Alt-Geltow zu, –
Und ihr kommt mit, die Kinder und du."

Das Dorf, es lag im Sonnenschein,
In die stille Kirche tritt er ein,
Die Wände weiß, die Fenster blank,
Zu beiden Seiten nur Bank an Bank,
Und auf der letzten – er blickt empor
Auf Orgel und auf Orgelchor
Und wendet sich und spricht: „Wie gern
Vernähm ich noch einmal *Lobe den Herrn*;
Den Lehrer im Feld; ich mag ihn nicht stören,
Vicky, laß du das Lied mich hören."

Und durch die Kirche, klein und kahl,
Als sprächen die Himmel, erbraust der Choral,
Und wie die Töne sein Herz bewegen,
Eine Lichtgestalt tritt ihm entgegen,
Eine Lichtgestalt, an den Händen beiden
Erkennt er die Male: „Dein Los war Leiden.
Du lerntest dulden und entsagen,
Drum sollst du die Krone des Lebens tragen.
Du siegtest, nichts soll dich fürder beschweren:
Lobe den mächtigen König der Ehren . . . "

Die Hände gefaltet, den Kopf geneigt,
So lauscht er der Stimme.
                    Die Orgel schweigt.

Die Kirche von Alt-Geltow
Zeichnung von Georg Rehlender 1892

Baumgartenbrück
(1870)

Die Havel, als sie nach Süden hin den Schwielow-See bildete, um sich innerhalb dieses weiten Bassins zu ergehen, mußte doch schließlich aus dieser Sackgasse wieder heraus, und die Frage war nur: wo? In der Regel behalten die durchbrechenden Wogen die einmal eingeschlagene Richtung bei und ruhen nicht eher, als bis sie, dem Durchbrechungspunkte gegenüber, einen Ausgang gefunden oder gewühlt und gebohrt haben. Nicht so hier. Die Havel *schoß* eben nicht wie ein Pfeil von Nord nach Süd durch das Moor- und Sumpfbecken hindurch, in welchem sie während dieser Stunden den Schwielow schuf, sie *erging* sich vielmehr innerhalb desselben, entschlug sich jeder vorgefaßten Richtung und nahm endlich ihren Abfluß *halbrückwärts*, keine 2000 Schritt von der Stelle entfernt, wo sie kurz vorher den Damm durchbrochen hatte. An dieser Abflußstelle, wo also die Havel nach ihrer Schwielow-Promenade sich wieder verengt, um nordwestwärts weiterzufließen, liegt Baumgartenbrück.

Dies Baumgartenbrück wird schon frühe genannt, und bereits im 13. Jahrhundert findet sich eine Burg Bomgarde oder Bomgard verzeichnet, ein sonderbares Wort, in dem unsere Slawophilen, nach Analogie von Stargard, Belgard, eine halbwendische Bezeichnung haben erkennen wollen. Was es nun aber auch mit dieser Bomgarde auf sich haben möge, ob sie wendisch oder deutsch, soviel verbleibt ihr, daß sie seit historischen Tagen, und namentlich seitdem ein Bomgarden-*Brück* daraus geworden, immer ein Punkt von Bedeutung war, ein Punkt, dessen Wichtigkeit gleichen Schritt hielt mit dem industriellen Aufblühen der Schwielow- und Havel-Ufer. Die Einnahmen verzehnfachten sich, und wenn früher hier ein einfacher, altmodischer Zoll gezahlt worden war, um die Landreisenden trocken von einem Ufer zum andern zu bringen, so kamen nun die viel einträglicheren Tage, wo, neben dem Brückenzoll für Pferd und Wagen, vor allem auch ein Brücken-*Aufzugzoll* für alle durchpassierenden Schiffe gezahlt werden mußte. Der Kulturstaat etablierte hier eine seiner Doppel-pressen; zu Land oder zu Wasser – gezahlt mußte werden, und Baumgartenbrück wurde für Brückengeld-Einnehmer allmählich das, was die Charlottenburger Chausseehäuser für Chausseegeld-Einnehmer waren. Und so ist es noch.

Aber die lachenden Tage von Baumgartenbrück brachen doch erst an, als, vor etwa vierzig Jahren, aus dem hier stehenden Brückenwärterhaus ein *Gasthaus* wurde, ein Vergnügungsort für die Potsdamer schöne Welt, die mehr und mehr anfing, ihren Brauhausberg und ihren Pfingstberg den Berlinern abzutreten und sich eine stille Stelle für sich selber zu suchen. Sie verfuhren dabei kurz und sinnig wie die Schweizer, die ihre Allerwelts-Schönheitspunkte: den Genfer- und den Vierwaldstätter See, den Fremden überlassen, um an irgendeiner abgelegenen Stelle der Glarner Alpen „ihre Schweiz für sich" zu haben. Die Potsdamer wählten zu diesem Behufe Baumgartenbrück.

Und es war eine vorzügliche Wahl! Es vereinigt sich hier alles, was einem Besuchsorte zu Zierde und Empfehlung gereichen kann: Stille und Leben, Abgeschlossenheit und Weitblick, ein landschaftliches Bild ersten Ranges und eine vorzügliche Verpflegung. Hier unter den Laubgängen zu sitzen, nach einem tüchtigen Marsch oder einer Fahrt über den See, ist ein Genuß, der alle Sinne gefangennimmt; nur muß man freilich die Eigenart des Platzes kennen und beispielsweise wissen, daß hier nur *eines* getrunken werden darf: eine Werdersche.

Mit der Werderschen, und wir treten damit in eine bukolische Betrachtung ein, ist es nämlich ein eigen Ding. Sie ist entweder zu jung oder zu alt, entweder so phlegmatisch, daß sie sich nicht rührt, oder so hitzig, daß sie an die Decke fährt; in Baumgartenbrück aber steht sie im glücklichen Mittelpunkt ihres Lebens; gereift und durchgeistigt, ist sie gleich weit entfernt von schaler Jugend wie von überschäumendem Alter. Die Werdersche hier hat einen festen, drei Finger breiten Schaum; feinfarbig, leicht gebräunt, liegt er auf der dunkeln und doch klaren Flut. Der erste Brauer von Werder ist Stammgast in Baumgartenbrück; er trinkt die Werdersche, die er selber ins Leben rief, am besten an dieser Stelle. Er ist wie ein Vater, der seinen früh aus dem Hause gegebenen Sohn am Tisch eines Pädagogen wohlerzogen wiederfindet.

Baumgartenbrück, trotz des Verkehrs, der an ihm vorübergleitet, ist ganz ausgesprochen ein stiller, lauschiger Platz; vor allem kein Platz prätentiöser Konzerte. Kein Podium mit Spitzenbogenfaçade und japanischem Dach stellt sich hier, wie eine beständige Drohung, in die Mitte der Versammlung hinein, und keine Riesenplakate erzählen dem arglos Eingetretenen, daß er gezwungen sei, zu Nutz und Frommen eines Abgebrannten oder Überschwemmten zwei Stunden lang sich ruhig zu verhalten. Diese Ungemütlichkeiten haben kein Stätte unter den Bäumen von Baumgartenbrück.

Hier ist nur der böhmische Musikant zu Hause, der des Weges zieht und mit dem Notenblatt sammelt. Eben treten wieder ihrer sieben ein, stellen sich schüchtern seitwärts, und wohl wissend, wie gefährlich jedes Zaudern für sie ist, beginnen sie sofort. „Il Bacio" eröffnet den Reigen. Wohl ist es hart. Die Posaune, mit beinah künstlerischem Festhalten eines Tones, erinnert an das Nachtwächterhorn alter Tage; die Trompete kreischt, der Triangel bimmelt erbärmlich. Wie immer auch, seid mir gegrüßt!

Wenn ich dieser alten Gestalten mit den schadhaften Bärten und den verbogenen Käppis ansichtig werde, lacht mir immer das Herz. Nicht aus Sentimentalität, nicht weil sie mich an Jugend-tage erinnern, sondern weil sie so bequem, so harmlos sind, während der moderne Künstler, nach eigner Neigung und vor allem auch durch die feierliche Gutheißung des Publikums, sich mehr und mehr zu einem Tyrannen der Gesellschaft aufgeschwungen hat. Du bist irgendwo in ein Gespräch verwickelt, nehmen wir an, in das unbedeutendste von der Welt, über Drainierung oder Spargelzucht oder luftdichte Ofentüren; niemand verliert etwas, der von diesem Gespräche nichts hört, aber *dir* und deinem Nachbarn gefällt es, euch beiden ist es lieb und wert, und ihr treibt behaglich auf der Woge der Unterhaltung. In diesem Augenblicke stillen, harmlosen Glücks gibt

irgendein dicker oder dünner primus inter pares mit seiner silbernen Klapptrompete ein Zeichen und verurteilt dich ohne weiteres zum Schweigen. Willst du nicht darauf achten, so wirst du gesellschaftlich in den Bann getan: du *mußt* zuhören, du mußt die „Lustigen Weiber von Windsor" sich zum zehnten Male zanken oder gar die Prinzessin Isabella zum hundertsten Male um „Gnade" rufen hören. Nichts hilft dagegen. Wie anders diese echten und unechten Bergmannsvirtuosen! Sie blasen drauflos, alle Kinder sind entzückt, du selbst folgst lachend den stolpernden Dissonanzen und hast dabei das süße Gefühl bewahrter persönlicher Freiheit. Die allgemein anerkannte künstlerische Unvollkommenheit wird zum rettenden Engel.

Baumgartenbrück ist noch ein Platz dieser Freiheit.

Aber was dauernd hier fesselt, weit über das beste Bier und die bescheidenste Musik hinaus, das sind doch die Gaben der Natur, das ist – wir deuteten es schon an – die seltene Schönheit des Platzes. Es ist eine „Brühlsche Terrasse" am Schwielow-See. Bastionartig springt ein mit Linden und Kastanien dicht bestandener Uferwall in den See hinein, und so viele Bäume, so viele Umrahmungen eines von Baum zu Baum wechselnden Panoramas. Welche Reihenfolge entzückender Bilder! Man sitzt wie auf dem Balkon eines Hauses, das an der Schmalseite eines langen Squares gelegen ist, und während das Auge über die weite Fläche des oblongen Platzes hingleitet, zieht unmittelbar unter dem Balkon das Treiben einer belebten Straße fort. Der Platz ist der Schwielow-See, die belebte Straße ist die Havel, deren Fahrwasser an dem Quai vorüber und durch die unmittelbar zur Rechten gelegene Brücke führt.

Ist es hier schön zu allen Tageszeiten, so waltet hier ein besonderer Zauber um die sechste Stunde; dann schwimmen, kommend und gehend, aus dem Schwielow hinaus und in den Schwielow hinein, aber alle von der Abendsonne beschienen, die Havelkähne in ganzen Geschwadern heran, und zwischen ihnen hindurch gleitet von Werder her der obstbeladene Dampfer. Die Zugbrücke steigt und fällt in beständigem Wechsel, bis mit dem Niedergehen der Sonne auch der Verkehr zu Ende geht.

Nun dunkelt es. In den Lindenlauben werden die Lichter angezündet und spiegeln im See. Noch hallt dann und wann ein Ruf herüber, oder ein Büchsenschuß aus dem Fercher Forst her rollt im Echo über den See – dann alles still. Die Lichter löschen aus, wie die Glühpunkte in einem niedergebrannten Papier. Ein Huschen noch hierhin, dorthin; nun verblitzt das letzte. Nacht liegt über Baumgartenbrück und dem Schwielow.

Baumgartenbrück
Stahlstich nach Marohn von Frommel 1841

Ausklang

1881 beendete Fontane seine „Wanderungen" mit dem Band „Spreeland"; in einem Dankes-Kapitel erinnert er sich noch einmal an die schönsten Stunden, und das waren die Streifzüge mit Heinrich Wagener . . .

Mit einer wahren Herzensfreude denk ich an jene Sommernachmittage zurück, wo wir, von den Dörfern und Ziegelöfen am Schwielow-See heimkehrend, auf einer vor ein paar ausgebauten Häusern von Alt-Geltow liegenden Graswalze zu rasten und unser sehr verspätetes Vesperbrot aus freier Hand einzunehmen pflegten, ohne daß der Redestrom auch nur einen Augenblick gestockt hätte. Da vergaßen wir denn der Flüchtigkeit der Stunde, bis die Mondsichel über den kleinen Giebelhäusern stand und uns erinnerte, daß es höchste Zeit sei, wenn wir, oder doch wenigstens *ich,* den Zug noch erpassen wollten. Und immer rascher und geängstigter ging es vorwärts, jetzt über die Gewehrfabrik und jetzt über den öden und sommerstaubigen Exerzierplatz hin, und nun hörten wir das erste Läuten. Oh, wie das ins Ohr gellte, denn die vollgestopfte Brücke lag noch zwischen uns und unsrem Ziel. Also Trab, Trab! Und ein ewiges und verzweifeltes ‚Pardon' auf der Lippe, das uns freilich vor dem üblen Nachruf aller Karambolierten nicht schützen konnte, ging es endlich, zwischen den pickenden Sperlingen hin, entlang den Droschkenstand, entlang den Perron und nun hinauf die Treppe, bis ich keuchend und atemlos und mit eingebüßtem Taschentuch in das nächst offenstehende Coupé hineinstürzte. „Gute Nacht." Und fort rasselte der Zug.

Es war wie Dauerlauf und Turnerfahrt aus alten Schul- und Ferientagen her, und gab einem auf Augenblicke das Gefühl einer ach auch damals schon auf lange hin zurückliegenden Jugend wieder. Und schon *das* war ein Glück.

Und von manch ähnlichen Tagen könnt ich noch berichten! Aber die „Wanderungen" selbst erzählen davon, und so brech ich denn ab und schließe mit dem Wunsche, . . . daß das Lesen dieser Dinge dem Leser wenigstens einen Teil der Freude bereiten möge, den mir das Einsammeln seinerzeit gewährte.

Berlin, 14. November 1881

Editorische Hinweise

Die abgedruckten Fontane-Texte basieren im wesentlichen auf folgenden Ausgaben:

Theodor Fontane,
Romane und Erzählungen in acht Bänden.
>   Hrsg. von Peter Goldammer, Gotthard Erler, Anita Golz und Jürgen Jahn.
>   Berlin und Weimar 1969. (= Aufbau-Ausgabe)
>   Weitere bisher erschienene Abteilungen:
Wanderungen durch die Mark Brandenburg. 7 Bände.
>   Hrsg. von Gotthard Erler und Rudolf Mingau
>   (Bd. 6 u. 7. hrsg. von Gotthard Erler unter Mitarbeit von Therese Erler).
>   Berlin und Weimar 1976 ff.
Autobiographische Schriften. 3 Bände.
>   Hrsg. von Gotthard Erler, Peter Goldammer und Joachim Krueger.
>   Berlin und Weimar 1982.
Gedichte. 3 Bände.
>   Hrsg. von Joachim Krueger und Anita Golz.
>   Berlin und Weimar 1989.

Theodor Fontane
Werke, Schriften und Briefe (in erster Auflage: Sämtliche Werke).
>   Hrsg. von Walter Keitel und Helmuth Nürnberger.
>   20 Bände in 22 Teilbänden in vier Abteilungen.
>   München 1962 ff.; [2] 1970 ff.; [3] 1987 ff. (= Hanser-Ausgabe).

Die Fontane-Texte sind im Hauptteil des Buches in Normalschrift wiedergegeben. Die verbindenden Texte von Gisela Heller (mit Ausnahme der „Einführung") sowie die in diese laufenden Texte eingefügten kurzen Fontane-Zitate (dort in Parenthese gesetzt) erscheinen in Kursivschrift.

Die Bildvorlagen konnten weitgehend dem Archiv von Hans Werner Klünner, dem der Landesgeschichtlichen Vereinigung für die Mark Brandenburg und dem FAP entnommen werden. Der Abdruck der im Buch wiedergegebenen und als Bild bisher unveröffentlichten Fontane-Autographen sowie der dem Einbandtitel unterlegten Fontane-Handschrift erfolgte mit freundlicher Genehmigung des Theodor-Fontane-Archivs Potsdam.

FAP	=	Theodor-Fontane-Archiv Potsdam
SBB-PK/FAP	=	Staatsbibliothek zu Berlin Preußischer Kulturbesitz,
		z. Zt. Depot Theodor-Fontane-Archiv Potsdam
NB	=	Fontane Notizbuch
TB	=	Fontane Tagebuch
TFG	=	Theodor Fontane Gesellschaft
BBA	=	Berliner Bibliophilen Abend

Inhaltsverzeichnis

Dieses Buch erscheint anläßlich der Jahrestagung der Theodor Fontane Gesellschaft im tausendjährigen Potsdam in einer Auflage von eintausend Exemplaren. Von achthundert numerierten Exemplaren sind einhundert Stücke (Nr. 1–100) als Jahresgabe 1994 für die Mitglieder des Berliner Bibliophilen Abends bestimmt und siebenhundert Stücke (Nr. 101–800) als Jahresgabe 1993 für die Mitglieder der Theodor Fontane Gesellschaft. Die Texte wurden gesetzt in der Palatino vom Studio Christian Schuder, Berlin. Die Herstellung der Bildreproduktionen und den Druck auf 135g Niklaplus 1,3 Offset-Papier besorgte die Fa. Herrmann Schlesener, Berlin. Die Buchbindearbeiten übernahm die Fa. Lüderitz & Bauer Buchgewerbe GmbH, Berlin.
Einbandentwurf und Gesamtgestaltung Werner Schuder.

Dieses Exemplar trägt die Nummer:

527